KB200279

아이들은 그를 '도깨비 왕'이라고 불렀다. (26쪽)

가블극장에서

술에 취한 떠들썩한 무리를 거느린 채 무희 라 감보기와 팔짱을 끼고
환하게 불을 밝힌 정원을 여유롭게 산책하곤 했는데,
그가 걸친 조지 시대 의상은 화려한 복장이 아니었다. (29-30쪽)

그는 가블극장의 호수 가장자리에 섰다.
그 호수는 지난날 그의 삶처럼 얕고 잔뜩 꾸며져 있었다. (39쪽)

그녀가 동양식 겉옷을 던져 버리고서 콜롬비나 스타일의 간단한 춤을 추었을 때
청중은 정말로 즐거워했다. (34쪽)

가게 창문에는 평소처럼 온갖 종류의 가면이 줄지어 매달려 있었다. (45쪽)

변장이 완성되었다! (56쪽)

"성자 양반, 존함이 어떻게 되는지 모르겠소만, 찬송가 한 곡 불러 주고 가쇼!"
그렇다면 적어도 가면은 완벽하다는 뜻이었다. (62쪽)

그는 그녀에게 입 맞추었다. 그녀의 입술에 닿은 것은 밀랍이었지만,
입맞춤의 흉내만으로도 그는 행복감에 전율했다.
그는 그녀를 품에 꼭 안았다. 둘은 말없이 신성한 사랑에 잠겼다. (66쪽)

조지 경이 다니던 신사클럽 회원들은 재산을 포기한 그의 이상한 결정을 비웃고 어리둥절해했다.
(81쪽)

그는 신부와 함께 안전하게 숨어 있었다. (82쪽)

"어머나, 여자가 들어와요!" 조지는 대문 걸쇠가 삐걱대는 소리를 들었다.
제니가 속삭였다. "들어오지 말라고 하세요! 무서워요!"
자갈길을 내딛는 발소리가 들려왔다. 하지만 그는 감히 돌아보지 못했다. (90쪽)

그는 그 어느 때보다 행복했다. 이제 정원에는 두 사람만 남았다.
가면이 놓여 있던 잔디밭에는 아무것도 없었다.
태양이 가면을 녹여 버렸기 때문이다. (96쪽)

행복한 위선자

The Happy Hypocrite

by Max Beerbohm

Illustrated by George Sheringham

일러두기

이 책은 *The Happy Hypocrite*(London: John Lane Company, 1915)를
대본 삼아 번역했습니다.

행복한 위선자

지친 사람들을 위한 동화

맥스 비어봄 지음

조지 셰링엄 그림 | 홍종락 옮김

사자와 어린양

The Happy Hypocrite

차례

섭정*과 함께 흥청대며 놀았던 사람들 중에 못되기로는 조지 헬 경의 절반만큼도 따라올 이가 없었다고 한다. 고약하기 짝이 없는 그의 여러 행동을 길게 늘어놓아서 어린 독자들을 힘들게 할 생각은 없다. 그가 욕심 많고 형편없고 제멋대로인 사람이었다는 것만 알면 된다. 잠잘 시간이 한참 지나서까지 걸핏하면 칼튼하우스**에서 이런저런 게임을 했고 몸에 아주 안 좋을 만큼 많은 음식을 먹고 마셨다. 멋진 옷은 또 얼마나 좋아했는지, 선량한 사람들은 일요일에 교회 갈 때나 입을 만한 화려한 옷을

---

* 조지 4세(재위 1820-1830)는 아버지 조지 3세가 노년에 정신병이 심해지면서 10년간(1811-1820) 섭정을 하였다. 섭정은 국왕이 어려서 즉위하거나 병이나 그 밖의 사정이 생겼을 때 국왕을 대리해서 나라를 다스리는 것을 말한다.
** 조지 4세가 살았던 영국 런던의 저택.

그는 주중에도 매일 입었다. 이런 서른다섯 살짜리 아들 때문에 그의 부모는 크게 상심했다.

무엇보다 안타까운 점은 그가 다른 사람에게 너무나 안 좋은 본이 되었다는 것이다. 그는 잘못을 감추려는 시늉조차 하지 않았다. 시간이 지나면서 그가 얼마나 고약한 인물인지 다들 알게 되었다. 그러나 그는 자신의 고약함을 뿌듯하게 여겼던 것 같다. 탈러턴 대위는 같은 시대 귀족 남자들에 대한 기록에서, 헬 경의 대단한 솔직함은 미덕이고 그 사람의 끔찍한 결점 중에는 좋게 볼 만한 면도 있다고 말했다. 이미 세상을 떠난 사람의 생각에 반대하는 것이 괴롭기는 하지만, 나는 좋은 행동과 좋은 감정을 드러내는 솔직함이 좋은 것이지 나쁜 것을 드러내는 솔직함은 미덕이 아니라고 생각한다.

하지만 조지 헬 경은 결국 자신의 모든 잘못을 속죄했다. 그 과정은 그의 생전에 알려지지 않았다. 그가 왜 오랜 시간 활동하던 사교계에서 갑자기 사라져 다시는 나타나지 않았는지 이제 밝히려 한다. 내 설명을 듣고 나면 어린 독자들은 그에 대해 내렸던 성난 판단을 재고 또는 철회해야 함을 인정하게 될 것이다. 최종 판단은 독자의 몫으로 남기겠다. 그러나 나는 헬 경의 친구들처럼 그의 솔직함을 대단하게 여기고 그를 좋게 생각해 달라고 호소하는 것이 아니다. 물론 유서 깊은 작위를 갖고도 양심의 거리낌 없이 막무가내로 행동하는 것을 괜찮다고 여기는, 나약하고 고집스러운 사람들도 있었다. 그들은 이렇게 말하곤 했다.

"조지 경이시다. 저 얼마나 사악한 얼굴인가!"

노블레스 오블리주*라는 말이 있다. 귀족이라면 명성을 신중하게 생각해야 한다. 고약한 짓을 저질러도 남에게 큰 해가 되지 않는 이름 모를 사람과는 다르다.

작위라는 마법에 휘둘리지 않고 조지 경을 못마땅하게 여긴 사람이 많았다고 적을 수 있어서 기쁘다. 그들은 조지 경이 방에 들어오면 바로 밖으로 나가 열쇠구멍으로 그를 매섭게 노려보았다. 아침에 피카딜리 거리를 산책하는 조지 경을 만날 때면 우르르 반대편 길로 건너가 버려 그를 질 나쁜 벗들과 끼리끼리 어울리게끔 했다. 조지 경이 있는 쪽은 말 그대로 '그늘진' 거리라고 할 수 있었다. 조지 경은 이런 식의 시위성 반응에 크게 신경 쓰지 않았다. 마치 마음이 돌처럼 굳어진 사람 같았다. 그

---

* noblesse oblige. 높은 사회적 신분에 걸맞은 도덕적 의무를 뜻하는 용어.

의 곁을 지나가는 숙녀들이 치마 끝을 살짝 들고 서둘러 걸음을 옮기면, 그는 그들의 발목을 이러쿵저러쿵 함부로 평가했다.

나는 조지 경을 본 적이 없어서 다행이라고 생각한다. 사람들 말로는 그가 칼리굴라*와 비슷했고 존 폴스타프 경**과도 조금 닮았다고 한다. 세인트 제임스 거리의 겨울 아침에 때때로 어린아이들이 그를 볼 때면 재잘거림을 멈추고 잔뜩 겁에 질려 유모들의 치맛자락에 매달렸다고 한다. 동풍에 비버 털모자의 둥그런 표면이 물결치고 목과 손목에 두른 모피가 흩날리는 신사의 모습이 거대하고 무시무시해 보였던 것이다. 찬바람 때문에 더욱 진해진 그의 보랏빛 안색도 무서움을 더했다. 아이들은 놀이방에서 그를 '도깨비 왕'이라고 불렀다. 아이들이 말을 안 들을 때면 보모들은 도깨비 왕이 굴뚝으로 내려오거나 린넨장에서 나올 거라고 겁을 주었고, 그러면 아이들은 늘 '얌전해졌다.' 보모들은 이렇게 나쁜 사람도 좋

---

* 로마의 제3대 황제(재위 37–41). 즉위 초에는 선정을 베풀어 존경을 받았으나, 중병을 앓고 난 뒤 포악과 낭비를 일삼아 원성을 들었고 근위대장에게 암살당했다.

** 셰익스피어의 희곡 〈헨리 4세〉에 나오는 몸집이 크고 비만한 늙은 기사.

은 일에 사용한다.

조지 경이 담배를 피우지 않았다는 건 사실이다. 당시의 유행을 따랐을 뿐이라 해도 나쁜 일을 하지 않는 것은 분명히 미덕이다. 하지만 그가 가진 좋은 자질의 목록은 이것으로 끝이다. 그는 사람을 고귀하게 만드는 영국 호수들의 영향력에 대해선 하나도 모르면서 도시와 도시가 주는 즐거움은 지칠 줄 모르고 사랑했다. 20년 동안 미나리아재비를 한 번도 본 적이 없다고 자주 뽐냈고, 시골을 '바보들의 낙원'이라고 말한 적도 있다. 그의 머릿속 지도에는 오직 런던밖에 없었다. 런던에는 그가 원하는 모든 것이 있었다. 그가 하트퍼드셔에 있는 근사한 저택 폴라드 체이스에서 행복한 날은커녕, 어떤 날이든 단하루도 보낸 적이 없다고 생각하면 정말 놀랍지 않은가? 그곳은 그가 열일곱 살 생일에 부들스*에서 주사위를 던져 폴라드 폴라드 경에게서 따낸 저택이다. 항상 냉소적이고 불친절했던 그는 파산한 [폴라드] 준남작에게 [다시 주사위를 던져 저택을 되찾을] '복수'의 기회를 주지 않았다. 조지 경은 불친절하고 무례한 성향을 그대로 발

---

* Boodle's. 런던에 있는 유명 신사클럽.

휘하여 준남작에게 폴라드 체이스 저택의 관리인 주택에 머물게 해주겠다고 제안했고, 준남작은 약간의 망설임 끝에 그 제안을 받아들였다. 조지 경은 이렇게 말하곤 했다.

"내 영혼을 걸고 말하지만, 그 사람은 할 일이 없을 거야. 내게 문을 열어 줄 필요가 없거든."*

그래서 폴라드 체이스의 거대한 철문은 녹이 슬었고 길에는 이끼가 덮였다. 사슴들이 테라스 위를 어슬렁거렸다. 어디에나 들꽃만 가득했다. 작은 돌로 테를 두른 연못 속 잡풀과 수련 사이 깊은 곳에는 한때 그곳을 내려다보던 대리석 파우누스가 [깨어져서] 떨어졌을 때의 모습 그대로 놓여 있었다.

그가 지은 모든 죄 중에 폴라드 체이스를 방치한 것보다 더 악의적인 죄는 없을 것이다. 어떤 이들은 그가 주사위를 조작하는 부정한 방법으로 [폴라드 경과의] 게임에서 이긴 거라고 속삭였다(그는 그 말을 굳이 부정하지 않았다). 실제로 세인트 제임스 거리[의 부들스]에서 카드놀이를 할 때 그는 누구보다 끈질기게 속임수를 썼다. 변

---

* 콜레인 경의 서신, 101쪽. †

* 콜레인 경의 서신, 101쪽. †

명의 여지가 없는 행동이었다. 그는 부자였고 부양할 아내나 가족이 없었으며 항상 운이 좋았기 때문이다. 그는 칼튼하우스에서, 그것도 많은 주교와 내각 장관들이 있는 자리에서 몇 달 전 섭정을 상대로 카드놀이를 하면서 속임수로 딴 5천 기니를 내놓으라고 대단히 오만하게 요구했고, 돈을 받기 전에는 그곳을 떠나지 않겠다고 선언하기까지 했다. 그러자 왕세자는 소문대로 한결같은 재치를 발휘하여 돈 대신에 칼튼하우스에서 손님으로 묵는 게 어떠냐고 제안했고, 조지 경은 정말로 몇 달 동안 그곳에 머물렀다.

이 얘기를 듣고 난 독자는 조지 경이 "당시 유행하던 카드게임을 하겠다고 자리에 앉을 때 거의 언제나 적어도 네 장, 많게는 일곱 장의 에이스를 소매 속에 숨겨 놓고 있었다"*는 글을 읽어도 별로 놀라지 않게 될 것이다. 사람들이 그의 그런 행태를 어떻게 용인했는지 의아할 뿐이다.

그는 귀족들, 방탕자들이 밤마다 모이는 가블극장에서 이른 저녁 시간을 보냈다. 술에 취한 떠들썩한 무리를 거

---

* *Contemporary Bucks*, vol. i, 73. †

느린 채 무희 라 감보기와 팔짱을 끼고 환하게 불을 밝힌 정원을 여유롭게 산책하곤 했는데, 그가 걸친 조지 시대 의상은 화려한 복장이 아니었다. 물론 요즘 사람들의 생각은 다르겠지만.* 그는 시끄럽게 떠들다가도 가끔 당시에 유행하던 농담을 던지거나 감상적인 발라드를 부르거나 춤을 추거나 말싸움을 걸었다. 그런 장난에 지치면 작은 야외극장에 있는 자신의 박스석으로 가서 저글러, 권투선수, 연극배우 등 때마침 무대 위에 있는 괴짜들의 공연을 관람했다.

별빛이 찬란하고 달이 큰 동백꽃처럼 아름다웠던 5월의 어느 날 밤, 조지 경은 박스석의 쿠션 달린 난간에 팔을 얹고 머리가 곱슬곱슬한 난쟁이 '메리 드워프'의 익살스러운 행동을 지켜보고 있었다. 그것은 그의 첫 공연이었다. 극장주 가블이 참신한 볼거리를 제대로 찾아낸 듯했다. 조지 경이 박수갈채를 이끌었고 난쟁이는 연인들에 관한 아름다운 노래로 익살 공연을 마무리했다. 그것

---

* 하지만 특별한 날에는 조지 경이 특이한 의상을 즐겨 입었던 것으로 보인다. 탈러턴 대위는 이렇게 말한다(위의 책, 69쪽). "나는 그가 프랑스 광대, 선원 또는 시칠리아 귀족의 푸른 스타킹을 입은 모습을 본 적이 있다. 그리 아름답지 않은 모습이었다. 하지만 어떤 의상을 입든 그는 얼굴을 가리지 않았다." †

이 다가 아니었다. 활쏘기 묘기가 이어졌다. 난쟁이는 금
박을 입힌 작은 활을 손에 들고 화살이 가득 담긴 화살통
을 어깨에 멘 채로 다시 등장했다. 그는 이리저리 화살을
쏘았는데 몇 대는 무대 주변에서 자라는 아카시아 나무
껍질에, 몇 대는 세로로 홈이 새겨진 박스석 기둥에 정확
히 박혔고 두세 대는 별을 향해 날아갔다. 관객들은 즐거
워했다.

"브라보! 브라보 사지타로!"*

조지 경이 곁에 있던 라 감보기의 언어**로 중얼거렸
다. 마지막 순서로, 밀랍으로 만든 남자 형상을 조수가
끌고 나와 나무 앞에 세웠다. 그리고 반대쪽 무대 끝에
서 있는 메리 드워프의 눈을 스카프로 가렸다. 잠시 후
'브라보!' 소리가 터져 나왔다. 화살이 밀랍인형의 심장
을 관통했기 때문이다. 밀랍인형이 아니라 사람이었다면
심장이 있었을 자리를 말이다.

조지 경은 포트와인과 샴페인을 주문했고 활 쏘는 난
쟁이에게 손짓하여 자신의 박스석으로 불렀다. 그의 솜

---

* 만세! 궁수 만세!
** 이탈리아어.

씨를 칭찬하고 포도주를 한 잔 가득 따라 축배를 건네고 싶었던 것이다.

"맹세코 말하지만, 자네는 천재적인 활솜씨를 가졌군."

조지 경이 난쟁이를 잔뜩 추켜올리며 외쳤다.

"이리 와서 내 옆에 앉게나. 먼저 나의 신성한 동반자 감보기를 소개하지. 처녀자리와 궁수자리라, 세상에! 두 사람은 황도십이궁에서 만났을지도 모르겠군!"

난쟁이는 고개를 깊이 숙이며 대답했다.

"사실, 수년 전에 시뇨라*를 뵈었습니다. 하지만 황도십이궁에서 뵌 것은 아닙니다. 시뇨라께서는 아마 저를 잊으셨을 겁니다."

그 말을 들은 시뇨라는 화가 나서 얼굴이 빨개졌다. 이제 그녀는 젊다고 할 수 없었는데 난쟁이는 어린아이 같은 얼굴을 하고 있어서였다. 난쟁이가 자신을 조롱한다는 생각이 들자 그녀의 눈에서 불길이 일었다. 그러자 조지 경의 눈이 다소 심술궂게 반짝였다. 그가 웃으며 물었다.

"젊은 날의 경험은 대단한 것이지. 말해 보게. 여름을

---

* 이탈리아어로, 귀부인, 마님을 뜻한다.

스무 번 넘게 보냈는가?"

난쟁이가 말했다. "셀 수 없을 만큼 많은 여름을 보냈지요. 나리의 건강을 위하여!"

그러고 나서 길쭉한 와인 잔을 비웠다. 조지 경이 다시 잔을 채워 주며 무슨 수로, 어떤 경이로운 방법으로 활을 그렇게 능숙하게 다루게 되었는지 물었다.

"오랫동안 연습했습니다. 인간을 상대로 오래 연습했지요." 난쟁이는 그렇게 대답하면서 곱슬머리를 비밀스럽게 끄덕였다.

"내 심장을 생각하면, 자네는 같이 앉아 있기 위험한 사람이로군."

"나리께서는 좋은 표적이 되셨을 겁니다."

조지 경은 섭정에 버금갈 만큼 큰 자신의 덩치를 놀리는 난쟁이의 농담이 마음에 들지 않았다. 그래서 퉁명스럽게 의자에서 몸을 돌려 무대에 시선을 고정했다. 이번에는 감보기가 웃었다.

무대에선 그새 새로운 오페레타* 〈사마르칸트의 아름다운 포로〉가 상연되고 있었다. 가블극장의 단골손님들

---

* 소형 오페라.

은 모두 미모와 재능을 겸비했다는 새로운 출연자 제니 미어를 궁금해했다. 포로 역할을 맡은 제니 미어가 나무로 된 작은 탑 안에서 창밖을 내다보았을 때, 그녀의 미모와 재능에 대한 소문이 사실임이 확인되었다. 파란 터번 아래 드러난 그녀의 얼굴은 아주 창백했다. 눈에는 두려움이 가득했고, 벌어진 입술은 말을 할 수 없을 것처럼 보였다. 청중은 그녀가 무엇을 두려워하는지 알 수 없었다.

"우리가 무서운 걸까? 아니면 그녀를 포로로 잡고 있는 잔인한 아버지 아포샤츠의 번쩍이는 언월도가 무서운 걸까?"

제니 미어의 연기에 감탄한 그들은 그녀에게 요란한 박수갈채를 보냈다. 마침내 그녀가 탑에서 뛰어내려 용감한 연인 닛사라의 품에 안기고, 동양식 겉옷을 던져 버리고서 콜롬비나 스타일의 간단한 춤*을 추었을 때 청중은 정말로 즐거워했다. 그녀는 아직 어려 춤을 썩 잘 추지는 못했지만 관객들은 그것을 흔쾌히 용서했다. 춤을

---

* '콜롬비나'는 이탈리아 전통극 '코메디아 델라르테'의 등장인물을 일컫는다. 그녀의 춤은 활발하고 경쾌하고 즉흥적이고 유머러스하고 발랄한 것이 특징이다.

추던 그녀가 언월도를 든 아버지와 눈이 마주치는 대목에 이르자 관객들의 심장은 빠르게 요동쳤다. 그녀가 아버지에게 살려 달라고 애원할 때는 눈물을 글썽이지 않은 이가 없었다.

이상할 정도로 공연에 푹 빠진 조지 경은 양옆의 두 사람에게는 아랑곳하지 않고 무대 너머를 바라보았다. 무아지경에 빠진 사람처럼 보였다. 갑자기 무언가가 그의 심장을 날카롭게 찔렀다. 너무 아파 벌떡 일어난 그가 고개를 돌렸을 때, 날개를 단 웃는 아이가 손에 활을 들고 어둠 속으로 재빨리 날아가는 걸 본 듯했다. 난쟁이가 있던 옆자리 의자는 비어 있었다. 라 감보기만이 그와 함께 있었는데, 그녀의 어두운 얼굴은 마치 복수의 여신 같았다.

조지 경은 이상한 관통상으로 계속 욱신거리는 심장을 한 손으로 부여잡고 의자에 다시 앉았다. 그는 매우 고통스럽게 숨을 쉬었고 주변을 의식하지 못하는 듯했다. 하지만 라 감보기는 이제 이 남자가 더 이상 자기에게 충성을 다하지 않을 것임을 알았다. 제니 미어를 향한 사랑이 그의 심장에 들어왔기 때문이다.

사랑에 빠진 조지 경은 오페레타가 끝나자 망토를 집

어 들고 옆에 있던 숙녀에게 한마디 말도 없이 자리를 떠났다. 그는 해저드게임*을 같이 하기로 미리 약속했던 카롤로프 백작과 피츠클라렌스 씨도 무시했다. 동료들, 냉소적 태도, 무모한 경멸 등 그의 존재를 이루던 모든 것을 잊어버렸다. 뉘우칠 시간도, 소심하게 꾸물댈 시간도 없었다. 그의 머릿속에는 오직 제니 미어의 발 앞에 무릎을 꿇고 아내가 되어 달라고 청해야 한다는 생각뿐이었다.

가블이 말했다. "미어 양이 분장실에서 평상복으로 갈아입고 있습니다. 그 아이의 단출한 몸단장이 끝나기를 기다려 주신다면, 제가 그 아이를 나리께 잘 소개해 올리겠습니다. 오, 계단에서 그 아이 발소리가 들립니다."

조지 경은 가발을 벗고, 가발의 뻗친 부분을 한 손으로 초조하게 매만졌다.

"미어 양, 이리 와. 이분은 조지 헬 경이시다. 오늘 밤 미어 양이 부족한 노력으로 나리를 기쁘게 해드린 것은 앞으로 장밋빛 예술 세계에서 활동하면서 얻게 될 최고의 성과가 될 거다."

---

* 주사위 도박의 일종.

어린 제니 미어는 공상이나 꿈속에서 말고는 귀족을 본 적이 없었다. 그녀는 살짝 무릎을 굽혀 수줍게 인사하고는 고개를 숙였다. 조지 경은 쿵 소리를 내며 요란하게 무릎을 꿇었다. 극장주는 크게 놀랐고 소녀도 매우 당황했다. 그러나 누구도 웃지 않았다. 조지 경의 태도에는 진실함에서 나오는 품위가 있었고 그의 입술에서 유창하게 흘러나오는 말에도 진실이 깃들어 있었기 때문이다.

그가 외쳤다. "미어 양, 부디 내 초라한 말에 귀를 기울여 주시오. 나를 경멸하여 당신의 아름다움과 슬기와 미덕의 대좌에서 밀어내지 말아 주오. 아아, 이것이 얼마나 주제넘은 일인지 너무나 잘 알지만, 그래도 구혼자로서 당신의 사랑스러운 손을 잡고 싶어 이렇게 당신 앞에서 나를 낮추고 있소. 나는 당신의 새까만 땋은 머리의 그늘 아래 길을 잃었소. 당신의 눈, 그 반투명한 구슬의 빛이 너무나 황홀하오. 견딜 수 없을 만큼 휘몰아치는 당신의 명성에 정신이 아득해지고 두려움이 엄습한다오."

"선생님…." 소녀가 소박하게 입을 열었다.

"'나리'라고 해야지." 가블이 근엄하게 말했다.

"나리, 그 말씀 감사합니다. 아름다운 말씀이에요. 하지만 저는 절대 나리의 신부가 될 수 없습니다."

조지 경은 두 손으로 얼굴을 가렸다.

가블 씨가 말했다. "아이야, 해가 뜨기 전까지 그 못된 말을 철회하도록 해라."

조지 경이 애처롭게 울부짖었다. "나의 재산, 지위, 당신을 향한 돌이킬 수 없는 사랑을 당신 발 앞에 내려놓겠소. 당신이 내게 희망을 갖게만 해주면, 한 시간, 일주일, 아니 오 년이나 십 년이라도 기다릴 수 있소!"

제니 미어가 천천히 말했다. "저는 절대 나리의 아내가 될 수 없어요. 얼굴이 성자 같지 않은 남자의 아내가 될 수 없어요. 나리, 나리의 얼굴은 저를 향한 진정한 사랑을 비추려 하고 있을지 모르지만, 이 세상의 허영을 너무 오래 비추다가 변색된 거울과 같습니다. 그래요, 변색된 거울 말입니다. 저는 가난하고 초라한 사람이니 제게 무릎 꿇지 마세요. 저는 이렇듯 성급한 구애를 받아들일 마음이 없습니다. 나리께서 원하신다면 저보다 더 훌륭하고 명랑한 여인에게 무릎을 꿇으세요. 저의 사랑은 제 것이고 제게서 억지로 떼어낼 수 없습니다. 제가 스스로 주어야 합니다. 제 사랑이 진짜가 되려면 자유롭게 줄 수 있어야 합니다. 아, 그만 일어나세요. 저는 성자와 같은 아름다운 얼굴을 갖고 있는 남자에게 저의 참사랑을 바칠 거예요."

미어 양은 누가 봐도 감정이 격앙된 상태였지만 말하는 내내 몸짓과 발성이 너무나 훌륭해서 가블 씨는 박수를 치지 않을 수 없었다. 그래도 그녀가 지체 높은 후원자에게 보인 태도는 더없이 유감스러웠다. 조지 경은 벼락 맞은 참나무처럼 꼼짝도 하지 않았다. 제니 미어는 그에게 연민 어린 다정한 눈길을 주고는 제 갈 길을 갔다.

가블 씨는 간곡한 말로 설득하여 조지 경이 일어날 수 있도록 도왔다. 조지 경은 한마디 말도 없이 밤이 깊어진 정원으로 나섰다. 머리 위에는 별들이 여전히 찬란했다. 별들은 가블극장 정원 이곳저곳에서 희미하게 깜빡이는 작은 등불들을 조롱하는 것 같았다. 어떻게 해야 할까? 아무 생각도 떠오르지 않았고 마음만 뜨겁게 달아올랐다.

그는 가블극장의 호수 가장자리에 섰다. 그 호수는 지난날 그의 삶처럼 얕고 잔뜩 꾸며져 있었다. 호수 수면 위에 백조 두 마리가 잠들어 있었다. 하얗게 구부러진 백조의 목 위로 달빛이 기이하게 비쳤다. '물에 빠져 죽어야 하나?' 정원에는 그를 막을 사람이 아무도 없었다. 다음 날 아침에 누군가가 호수에 떠 있는 그를 발견하게 될 것이었다. 사랑 때문에 죽은 또 한 명의 고귀한 희생자를. 이후로 정원은 저녁시간에는 문을 닫게 될 것이다. 가블극장에서 열리던 공연도 중단될 것이다. 어쩌면 제니 미어가 그의 죽음을 애도할지도 모르겠다.

"인생은 창살 없는 감옥이구나." 조지 경은 그렇게 중얼거리며 그곳을 떠났다.

그는 어디로 가는지도 모른 채 밤새도록 런던의 신비한 거리와 광장을 걸었다. 그를 알아본 야경꾼들은 그가 다가오자 지팡이를 움켜쥐었다. 그의 거칠고 난폭한 습관을 두려워할 만한 이유가 오래전부터 쌓이고 쌓이지 않았던가. 하지만 그는 그들에게 눈길을 주지 않았다. 사람들이 잠든 어둑한 시간, 어둠과 빛이 소리 없이 전쟁을 치르는 동안 조지 경은 자신의 사랑과 절망에 푹 빠진 채 계속 걸었다. 새벽녘에 문득 정신을 차려 보니 켄싱턴의 작은 숲 외곽에 와 있었다. 토끼 한 마리가 이슬을 가르며 그의 곁을 지나갔다. 새들이 나뭇가지에 앉아 날갯짓을 하고 있었다. 나뭇잎은 동트기에 앞서 파르르 떨렸고, 대기에는 히아신스의 달콤한 향기가 가득했다.

시골은 정말 근사했다! 그곳은 영혼의 열병을 식히고

그의 사랑을 성스럽게 만들어 주는 것 같았다. 새벽녘의 어슴푸레한 빛 속에서 그는 절박했던 지난밤 내내 생각한 내용, 제니 미어를 얻기 위한 방법을 구체적으로 구상하기 시작했다. 얼마 후 근처를 지나던 늙은 나무꾼이 투박하게나마 예의를 지키며 시내로 가는 가장 빠른 길을 알려 주었다. 그는 숲을 떠나기 싫었다. 제니와 함께라면 언제까지나 시골에서 살 수 있을 것 같았다. 그는 제니를 위해 들꽃을 한 다발 꺾었다.

아직 사방이 고요한 시내로 돌아오자 시골에서 살겠다는 조지 경의 결심은 더욱 굳어졌다. 그동안 사람들이 잠든 시간에 시내를 자주 거닐었지만, 그곳의 전체적인 모습이 얼마나 음산한지 전혀 알아채지 못했다. 시내의 좁은 거리에는 하얀 집들이 길 양쪽으로 석회암 절벽처럼 솟아 있었다. 그는 쓰레기가 널브러져 있는 도로를 따라 재빨리 걸음을 옮겼다. 이런 사악한 비밀을 숨긴 도시를 그동안 어떻게 사랑했던 걸까?

마침내 조지 경은 세인트 제임스 광장에 이르렀고, 혐오스러운 자기 집 문 앞에 도착했다. 집 안 어둑한 복도 구석구석마다 그림자가 기억처럼 드리워져 있었다. 그의 방 창문으로 햇살 한 줄기가 비스듬히 들어와 주름

없는 하얀 침대보를 지나 잿빛 벽난로 위로 섬뜩하게 떨어졌다.

2

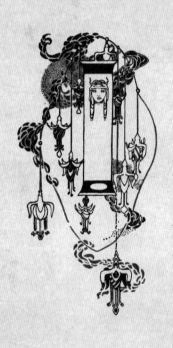

올드 본드 거리*의 화창한 아침. 상류층에게 인기 있는 가면 제작자, 작고 뚱뚱한 이니어스 씨가 가게 문 앞에서 햇볕을 쬐고 있었다. 가게 창문에는 평소처럼 온갖 종류의 가면이 줄지어 매달려 있었다. 분홍빛 볼의 아름다운 가면, 턱이 툭 튀어나온 우스꽝스러운 가면, 고대 그리스 비극에 쓰였던 프로소파**를 본뜬 흥미로운 가면, 어린이용 종이 가면, 여성용 고운 비단 가면, 일하는 남성을 위한 가죽 가면, 수염이 있거나 없는 가면, 금박을 입히거나 밀랍으로 만든 가면(실은 대부분이 밀랍 가면이었다), 그외 크고 작은 가면이 있었다. 그리고 뽐내는 듯한 이런

---

*   런던의 명품 거리.

** προσωπα. 그리스어로, '가면'을 뜻한다.

가면들의 은하계 한가운데에 금으로 정교하게 조각한 키클롭스* 가면이 이마에 커다란 사파이어를 단 채로 걸려 있었다.

태양빛이 창문에 환하게 비쳤고, 작고 뚱뚱한 이니어스 씨의 대머리와 광낸 신발에서도 반짝였다. 손님이 오기에는 너무 이른 시간이었기에 이니어스 씨는 신선한 공기를 마시며 여유를 한껏 즐겼다. 그가 그 자리에 서서 흡족한 미소를 짓는 데는 그럴 만한 이유가 있었다. 본인이 뛰어난 예술가인 데다가 몇몇 왕족과 꽤 많은 귀족이 가게의 단골이었기 때문이다.

전날 저녁만 해도, 브럼멜 씨가 가게에 들러 오터튼 부인의 질투 어린 감시를 잠시 피하고 싶다며 가벼운 여름용 가면을 주문했다. 이니어스 씨는 자신의 뛰어난 기술 덕분에 지체 높은 이들의 많은 비밀을 알게 되었다고 생각하면서 기뻐했다. 지금 이 순간에도 자신이 만든 걸작 뒤에 숨어 채권자들 사이를 무사히 거닐고 있을 낭비벽 심한 귀족들을 생각하니 웃음이 나왔다. 당시 이니어스 씨는 속세의 고해신부라고 할 만했다. 언제나 면죄를 선

---

* 그리스 신화에 나오는 외눈박이 거인.

언할 수 있다니, 얼마나 특별한 위치인가!

　거리는 시골길처럼 조용했다. 길 너머 열린 창 안으로 모슬린 실내복을 입은 예쁜 여인이 초콜릿 잔을 홀짝이며 앉아 있는 모습이 보였다. 감보기 부인이었다. 이니어스 씨는 그녀를 향해 몇 번이나 예의 바르게 인사를 했다. 그러나 그날 아침, 그녀의 생각은 먼 곳에 가 있는 듯 보였고, 작은 남자의 정중한 노력을 알아차리지 못했다. 감보기 부인의 무심한 반응에 짜증이 난 이니어스 씨가 가게로 들어가려던 찰나, 조지 헬 경이 들꽃 한 다발을 손에 들고 바삐 걸어오는 모습이 눈에 들어왔다.

　이니어스 씨는 혼잣말을 했다. "조지 경이 일찍 일어나셨네. 이른 시간에 숙녀분을 만나러 오시나보군."

　하지만 그렇지 않았다. 조지 경은 가면 가게로 곧장 다가왔다. 감보기 부인의 집 창문을 힐끗 쳐다봤다가 그녀가 앉아 있는 것을 보고선 얼굴을 찌푸렸다. 그는 재빨리 가게 안으로 들어섰다.

　"성자의 가면을 갖고 싶네." 그가 말했다.

　이니어스 씨가 힘차게 대답했다. "성자의 가면 말입니까, 나리? 물론 있습죠! 후광이 있는 걸 원하십니까, 없는 것을 원하십니까? 올드레드 주교님은 항상 후광이 있는 걸 쓰십니다만? 나리께서는 후광을 원치 않으시지요? 물론 그러시겠지요! 나리께서 허락하신다면 치수를….”

조지 경이 말했다. “오늘 꼭 가면을 써야겠네. 만들어 놓은 게 없나?”

이니어스 씨가 엉거주춤한 채로 말했다. “아, 알겠습니다. 당장 쓰셔야 하는군요. 그런데 나리께서는 좀 넉넉한 게 필요하시겠군요.” 그러고 나서 바닥을 내려다보았다.

“줄리어스!” 그가 불쑥 조수에게 소리쳤다. 조수는 다음 주에 취렘부르크의 젊은 왕이 대관식 때 착용할 바르바로사* 가면을 마무리하고 있었다. “줄리어스! 2년 전에 립스비 씨를 위해 만들었던 성자 가면 기억나나?”

소년이 대답했다. “네, 사장님. 위층에 보관되어 있어요.”

“그럴 것 같았어. 립스비 씨는 그것을 빌려 쓰셨지. 줄리어스, 위층으로 올라가서 가면을 가져와라. 나리, 나리께서 원하실 만한 물건입니다. 영적이면서도 잘생겼지요.”

---

* 신성로마제국 황제 프리드리히 1세(1122-1190)의 별명. 바르바로사는 '붉은 수염'을 뜻한다.

"그 가면은 참사랑을 비춰 주는 반듯한 거울이기도 한 가?" 조지 경이 진지하게 물었다.

가면 제작자가 대답했다. "정확히 그런 용도로 만들어 졌습니다. 사실 그 가면은 립스비 씨가 은혼식 때 착용 하기 위해 주문하신 것인데, 립스비 부인의 친척들이 극 찬을 하셨지요. 나리, 제 누추한 방으로 들어오시겠습니 까?"

이니어스 씨는 가게 뒤편에 있는 응접실로 안내했다. 그는 자신의 고객 명단에 유명한 인물이 더해져서 신이 났다. 조지 경은 그동안 그의 가게를 이용한 적이 없었던 것이다. 이니어스 씨는 응접실을 바삐 돌아다녔고, 성자 의 가면을 찾는 동안 조지 경이 의자에 앉아서 즐길 코담 배 한 자밤을 권했다.

조지 경의 시선은 액자에 넣어 벽에 죽 진열한 위인들 의 여러 편지를 훑었다. 하지만 편지 내용이 눈에 들어오 지는 않았다. 자신이 가게에 들어오는 모습을 라 감보기 가 보지 못했을 가능성을 헤아려보느라 바빴던 것이다. 아주 이른 시간이어서 그녀가 아직 잠들어 있을 거라고 생각한 터였다. "질투하는 여자는 일찍 일어난다"라는 프랑스의 불길한 옛 속담이 떠올랐다. 무의식적으로 그의 시선이 칙칙한 은으로 만든 크고 둥근 가면으로 향했다. 가면의 표면에는 섬세한 세공으로 이목구비가 새겨져 있었다.

"나리, 이게 무슨 가면인지 궁금하십니까?" 이니어스 씨가 새끼손톱으로 그 가면을 톡톡 치면서 유쾌하게 말했다.

"무슨 가면인가?" 조지 경은 무심코 중얼거렸다.

"나리, 이건 발설해선 안 되는 내용입니다만 나리께서는 직업적 비밀을 존중해 주시는 분이 아닙니까. 저는 그 비밀을 자랑스럽게 여기는데 거기엔 이유가 있습니다. 이것은 하늘이 축복하시는 태양신 아폴로를 위한 가면입니다!"

"자네가 나를 놀라게 하는군." 조지 경이 말했다.

"장담컨대, 그보다 더 대단한 사람은 없을 겁니다. 아버지 유피테르가 그를 낮의 주인으로 삼았을 때, 아폴로는 밤에 인간들이 하는 일을 보고 싶은 마음이 간절했습니다. 유피테르는 아들이 제안한 매우 합당한 요청을 들어주었지요. 다음 날 아폴로가 하늘길을 통과하여 바다에 숨자 온 세상에 어둠이 내렸습니다. 그는 밤 시간에 인간들이 하는 일을 보려고 바다 위로 고개를 들었습니다. 하지만."

이 대목에서 이니어스 씨는 미소를 한번 짓고 말을 이어 갔다.

"그의 밝은 얼굴 때문에 온 어둠이 환해졌습니다. 사람들은 낮이 왜 이렇게 빨리 밝았지 하고 의아해하면서 잠자리에서 일어나거나 놀던 자리에서 일어나 일을 하러 갔습니다. 그러자 아폴로는 울면서 바다 속으로 들어갔습니다. 이렇게 외치면서 말이지요. '모든 신들 중에서 나만 밤의 세상을 보지 못하다니, 참으로 비통하구나. 내가 듣기로 그 시간에는 인간이 신들과 같다던데. 포도주를 쏟고 장미로 된 화환을 쓴다지. 인간의 딸들은 횃불 아래서 춤을 추고 피리 소리를 들으며 웃는다지. 그러다 마침내 긴 소파에 드러누우면 잠이 다가와 눈꺼풀에 입 맞춘다더군. 그 모든 것을 나는 하나도 볼 수 없구나. 이 빛나는 아름다움이 나에겐 저주와 같으니 벗어 버리고 싶구나.' 울고 있는 그에게 불카누스*가 말했습니다. '나는 충분히 지혜롭고 동정심도 있는 신이다. 울지 마라. 내가 너의 슬픔을 끝내 줄 물건을 주마. 너의 빛나는 아

---

* 로마 신화에 나오는 불과 대장장이의 신.

름다움을 벗어 버릴 필요는 없다.' 그러고 나서 불카누스는 칙칙한 은으로 가면을 만들어 동생의 얼굴에 씌웠습니다.

그날 밤, 그 가면을 쓴 태양신은 바다에서 일어나 밤 시간에 인간들이 하는 일을 지켜보았습니다. 사람들은 더 이상 그의 빛나는 아름다움 때문에 당황하지 않았습니다. 은 가면이 그 환한 빛을 가려 주었기 때문입니다. 그는 일상의 일들에 지쳐 초췌한 모습을 자주 보이던 사람들이 붉은 장미꽃 화환을 쓰고 잔치를 벌이는 광경을 보았습니다. 그들이 피리 소리를 들으며 웃는 소리를 들었습니다. 그들의 딸들이 붉은 횃불 아래서 춤추는 것도 보았지요. 그들이 마침내 푹신한 침대에 눕고 잠이 그들의 눈꺼풀에 입 맞추었을 때, 아폴로는 다시 바다 속으로 내려가 밑바닥의 작은 바위 아래에 가면을 숨겼습니다. 사람들은 아폴로가 밤에 자기들을 자주 지켜본다는 사실을 알지 못했고, 그저 어느 창백한 여신이라고 생각했습지요."

"나도 항상 그가 디아나라고 생각했네." 조지 헬 경이 말했다.

이니어스 씨가 웃으며 말을 이었다. "잘못 아신 겁니

다, 나리! 여기 증거가 있습니다!*" 그는 칙칙한 은으로 된 가면을 두드렸다.

조지 경이 말했다. "신기하구만! 그런데 어떻게 아폴로가 자네에게 이 새 가면을 주문했는가?"

"그는 해마다 열두 개의 새 가면을 썼습니다. 어떤 가면도 그의 빛나는 광채를 여러 날 동안 견딜 수는 없습니다. 가장 질이 좋고 순수한 은으로 만든 가면도 금세 변색되고 닳아 없어져 버리니까요. 수 세기 전, 불카누스는 너무 많은 가면을 만드느라 지쳤습니다. 그래서 아폴로는 아테네로 메르쿠리우스를 보내 뛰어난 기술을 가진 페니키아 출신의 가면 제작자 포론의 공방을 찾아가게 했습니다. 포론은 이후 수년 동안 아폴로의 가면을 만들었고, 메르쿠리우스는 매달 새로운 가면을 가지러 포론의 공방을 찾았지요. 포론이 죽자 다른 장인이 선택되었고, 그가 죽으면 또 다른 장인이 선택되는 식으로 세상의 모든 시대에 걸쳐서 가면 만드는 작업이 죽 이어졌습니다. 나리, 작년 어느 날 밤에 메르쿠리우스가 이 가게에 날아와서 저를 아폴로의 전속 가면 제작자로 삼았을 때

---

* Ecce signum.

제 자부심과 기쁨이 얼마나 컸을지 생각해 보십시오. 가면 제작자라면 누구나 바랄 만한 최고의 특권입니다. 그리고 제가 죽으면."

이 대목에서 이니어스 씨는 살짝 감정이 복받치는 듯했다. "메르쿠리우스가 제 자리를 다른 사람에게 주겠지요."

"그러면 신들은 자네의 노동에 대가를 지불하나?" 조지 경이 물었다.

이니어스 씨는 그리 키가 크지 않았지만 최대한 똑바로 서더니 이렇게 말했다. "나리, 올림포스에는 화폐가 없습니다. 가면 제작자에게는 이처럼 귀한 특권 자체가 보상입니다. 하지만 태양신은 관대합니다. 제 가게를 다른 어떤 곳보다 더 밝게 비춰 줍니다. 또한 제가 만든 밀랍 가면을, 착용자가 쓸 만큼 써서 벗어 버릴 때까지 그의 광선이 가면을 녹이지 못하게 해줍니다."

이때 줄리어스가 립스비 가면을 들고 들어왔다. 이니어스 씨가 간곡히 말했다. "나리를 너무 오래 기다리게 해서 용서를 구해야겠습니다. 제가 오래된 가면을 많이 보관하고 있는데 목록이 불완전합니다."

부드러운 분홍빛 뺨과 경건한 눈썹을 가진 아름다운

가면임에 틀림없었다. 최고급 밀랍으로 만든 물건이었다. 조지 경은 가면을 조심스럽게 손에 들고 얼굴에 써보았다. 아주 잘 맞았다.

"나리께서 원하시는 표정인가요?" 이니어스 씨가 물었다.

조지 경은 가면을 탁자 위에 올려놓고 열중해서 살펴보고는 마침내 말했다. "참사랑을 좀 더 완벽하게 비추는 거울이었으면 좋겠네. 이 가면은 너무 차분하고 사색적이야."

"쉽게 고칠 수 있습니다!" 이니어스 씨가 말했다. 그는 가는 연필을 고르더니 눈썹 사이가 좀 더 좁아지도록 능숙하게 그려 넣었다. 진홍색 안료를 묻힌 붓으로 입술에 좀 더 풍성한 곡선을 주었다. 그러자 보라! 사랑이 넘치는 성자의 가면이 거기 있었다. 조지 경의 심장이 기쁨으로 쿵쾅거렸다.

"얼마나 오랫동안 이 가면을 쓰고 싶으십니까?" 이니어스 씨가 물었다.

"죽을 때까지 써야 하네." 조지 경이 대답했다.

그러자 작은 남자가 응수했다. "그럼 잠시 앉아 주십시오. 가면을 아주 조심스럽게 씌워야 하니까요. 줄리어스, 도와다오!"

줄리어스가 밀랍 가면의 안쪽을 작은 램프로 가열하는 동안, 이니어스 씨는 조지 경의 위쪽에 서서 달콤한 향이 나는 포마드를 그의 얼굴에 부드럽게 발랐다. 그런 다음 가면을 받아들고 푹신한 퍼프로 이제 꽤 부드럽고 따뜻해진 가면 안쪽에 분을 발랐다.

"잠시만 가만히 계십시오."

그 말과 함께 이니어스 씨는 고개를 든 조지 경의 얼굴에 가면을 단단히 눌러 붙였다. 가면이 완벽하게 붙었다는 확신이 들자마자 그는 조수의 손에서 은으로 만든 줄과 작은 나무 주걱을 받아서 조지 경의 목과 귀에 맞닿은 가장자리를 깎기 시작했다. 마침내 '이음새'의 모든 흔적이 지워졌다. 이제 남은 작업은 밀랍 이마 위로 늘어뜨린 귀족 가발의 컬을 정리하는 것뿐이었다.

변장이 완성되었다! 조지 경이 가면의 눈구멍으로 손에 든 거울을 들여다보았다. 참사랑을 비추는 거울 자체인 성자의 얼굴이 보였다. 너무나 멋진 모습이었다! 자신의 과거가 꿈처럼 느껴졌다. 정말 새로운 사람이 된 것 같았다. 이니어스 씨에게 고맙다고 말하는데 가면의 갈라진 입술 사이로 흘러나오는 목소리가 이상하게 들렸다.

"나리를 모시게 되어 영광입니다." 그 작은 사람은 가게를 나가는 손님에게 고개를 숙여 인사를 하면서 50기니의 수수료를 주머니에 넣었다.

거리로 나선 조지 경은 그 성스러운 입술로 저주를 내뱉을 뻔했다. 바로 거기, 그가 가는 길에 분홍색 작은 양산을 든 라 감보기가 서 있었던 것이다. 그녀는 조지 경의 소매에 손을 얹고는 그의 이름을 부드럽게 불렀다. 그는 아무 말 없이 그녀를 지나쳤다. 그녀는 다시 그를 가로막고 섰다.

그녀가 웃으며 말했다. "이렇게 잘생긴 연인을 그냥 보낼 수는 없어요. 설령 그이는 나를 외면한다 해도 말이에요! 날 버리지 말아요, 조지. 당신의 들꽃다발을 내게 줘요. 오, 당신의 눈빛엔 내겐 한 번도 보여 준 적 없는 사랑이 담겨 있군요!"

조지 경이 엄숙하게 말했다. "부인, 나는 당신을 알지 못합니다." 그리고 가던 길을 계속 갔다.

숙녀는 사악한 증오가 담긴 눈으로 떠나간 연인을 바라보았다. 곧 그녀는 길 건너편에 있던 감시자에게 손짓했다.

그러자 감시자가 그를 따라갔다.

3

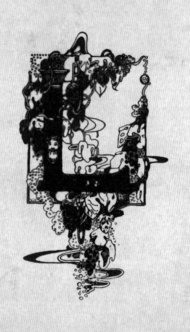

조지 경은 크게 동요한 상태로 피카딜리 거리로 들어섰다. 찬란한 미래의 문턱에서 과거의 화신 같은 요란한 존재를 만나는 것은 끔찍한 일이었다. 가면 제작자가 신들에 대해 들려준 고상한 이야기에 이어 성자 가면을 쓰는 과정을 거치면서 그는 제니 미어를 사랑하는 마음과 어울리지 않는 모든 기억을 몰아낸 터였다. 그런데 바로 이어서 라 감보기를 만나다니! 조지 경이 그렇듯 단호하게 말했으니 그녀는 다시 나타나지 않을지도. 그 여자가 그의 신성한 사랑을 훼손하려 드는 일은 없으리라. 하지만 조지 경은 이탈리아인인 그녀의 어두운 본성, 복수의 열정을 알고 있었다. 베르길리우스의 대사*가 무엇이었던

---

* 로마의 시인 베르길리우스가 쓴 〈아이네이스〉.

가? 스프레태크로 시작했는데* 조만간 그녀가 어떤 식으로든 그와 그의 연인 사이에 끼어들지 않을 거라고 누가 장담할 수 있겠는가?

조지 경은 배리모어 경의 저택을 지나가고 있었다. 카롤로프 백작과 피츠클라렌스 씨가 아래쪽 창문에 기대어 서 있었다. 그들이 가면을 쓴 조지 경을 알아볼까? 다행히도 그들은 알아보지 못했다. 그들은 그가 지나갈 때 웃기만 했고, 피츠클라렌스 씨는 비웃는 투로 이렇게 외쳤다.

"성자 양반, 존함이 어떻게 되는지 모르겠소만, 찬송가 한 곡 불러 주고 가쇼!"

그렇다면 적어도 가면은 완벽하다는 뜻이었다. 제니미어는 그를 알아보지 못할 것이다. 라 감보기 외에는 누구도 겁낼 필요가 없었다. 하지만 그녀가 그의 비밀을 드러내지 않을까? 조지 경은 한숨을 쉬었다.

그날 밤 그는 가블극장에 가서 그 아담한 여배우에

---

* 'Spretaeque'는 "무시당한", "경멸받은"이라는 뜻이다. 〈아이네이스〉 1권에 나온다. 이 부분은 가장 아름다운 여신으로 뽑히지 못한 유노(헤라)의 분노와 복수심을 표현한 구절이다. 전체 문구는 이렇다. "Spretaeque iniuria formae"(미모를 모욕한 불의).

게 사랑을 고백할 작정이었다. 그는 그녀가 성자의 얼굴을 한 자신을 사랑하리라는 것을 전혀 의심하지 않았다. "저는 성자와 같은 아름다운 얼굴을 갖고 있는 남자에게 저의 참사랑을 바칠 거예요." 그녀가 그렇게 말하지 않았던가? 그녀는 이제 그의 얼굴이 변색된 사랑의 거울 같다고 말할 수 없을 것이다. 그녀는 그에게 미소를 지으리라. 그의 신부가 되리라. 하지만 라 감보기가 혹시 가블극장에 나타나면 어쩌지?

오페레타는 그날 밤 10시가 지나야 끝날 터였다. 하이드 파크 게이트*의 시계는 아직 10시가 아니라고, 아침 10시도 안 되었다고 알려 주었다. 제니의 발 앞에 무릎을 꿇으려면 열두 시간을 기다려야 했다! '지난날의 기억이 가득한 이곳에서 그 시간을 보낼 수는 없다.' 조지 경은 노란색 이륜마차를 불러 마부에게 켄싱턴 마을로 데려다 달라고 부탁했다.

불과 몇 시간 전에 머물렀던 작은 숲에 도착하자 조지 경은 마부를 돌려보냈다. 그가 제니를 생각하며 거기 서 있을 때 떠올랐던 해가 이제 그의 달라진 얼굴을 비추고

---

* 런던의 도로.

있었다. 햇살이 따가웠지만 그의 밀랍 얼굴은 녹지 않았다. 아까 길을 알려 주었던 늙은 나무꾼이 나뭇단을 짊어지고 그를 지나쳤다. 나무꾼은 그를 알아보지 못했다. 조지 경은 나무들 사이를 거닐었다. 아름다운 숲이었다.

곧 그는 지금도 그곳에 흐르고 있는 개울인 '켄'의 둑에 이르렀다. 그는 이끼 낀 둑에 몸을 누이고 손을 개울에 넣어 잔물결이 일어나게 했다. 수면 아래로 반짝이는 조약돌이 보였다. 조약돌을 내려다보다 개울물에 비친 자신의 가면이 눈에 들어왔다. 사랑하는 여자를 속여야한다는 생각이 들자 큰 부끄러움이 밀려왔다. 그 고운 가면 뒤에는 그녀에게 거부감을 줬던 사악한 얼굴이 그대로 있을 터였다.

'기발한 속임수로 그녀를 꾀어 사랑에 빠지게 할 만큼 비열해져야 한단 말인가?' 조지 경은 그녀가 정말 안됐다는 생각이 들었고 자신이 미워졌다. 하지만 그 가면이 과연 비열한 속임수일까? 그는 스스로에게 물었다. 가면은 그의 진정한 회개와 참사랑을 나타내는 비밀스러운 상징이 분명했다. 그의 얼굴이 악했던 것은 그의 삶이 악했기 때문이다. 그러나 그는 우아한 소녀를 보았고, 그의 영혼은 일순간에 달라졌다. 달라지지 않은 것은 그의 얼굴뿐이었다. 그의 얼굴이 예전의 악한 모습으로 남아 있어야 한다는 것은 당연하지 않았다.

그때, 누군가 희미하게 한숨짓는 소리가 들렸다. 조지 경은 고개를 들었다. 반대쪽 개울둑에서 제니 미어가 그를 바라보고 서 있었다. 두 사람의 눈이 마주치자 그녀는 얼굴을 붉히며 고개를 숙였다. 연보라색 면 소재의 곧게 뻗은 드레스와 햇볕에 바랜 밀짚모자를 쓴 그녀는 키 큰 아이처럼 보였다. 그는 말을 건넬 엄두를 내지 못했다. 그저 그녀를 바라보기만 했다.

문득 그녀 옆의 나무에, 날개 달린 아이가 웃으며 버티고 선 것이 보였다. 아이의 손에는 활이 들려 있었다. 조지 경이 미처 경고하기도 전에 화살이 번뜩이며 그녀의 심장에 꽂히는가 싶더니 이내 사라졌고 큐피드도 날아가 버렸다.

그녀는 고통의 비명 대신 연인을 향해 두 팔을 뻗으며 환한 미소를 지었다. 조지 경은 작은 개울을 가볍게 뛰어넘어 그녀의 발 앞에 무릎을 꿇었다. 자신에게 과분한 우아한 소녀 앞에 무릎을 꿇는 일이 너무나 당연하게 느껴졌다. 그의 얼굴이 위대한 성자의 얼굴과 같다는 사실만 알고 있는 그녀는 허리를 굽혀 한 손으로 그를 만졌다.

그녀가 말했다. "당신은 제가 기다려 온 그 좋은 분이 틀림없어요. 그러니 제게 무릎 꿇지 마시고 일어나세요. 제가 당신 손에 입 맞추게 해주세요. 저의 사랑은 초라하지만 제 마음은 모두 당신 것입니다."

조지 경은 그녀의 다정한 눈을 올려다보며 이렇게 대답했다. "아니오. 당신은 여왕이오. 내가 당신 앞에 무릎을 꿇어야 하오."

제니 미어는 애틋하게 고개를 저었다. 그리고 기쁨에 겨워 떨면서 그의 앞에 무릎을 꿇었다. 두 사람이 서로 마주 보며 무릎을 꿇게 되자 그녀의 눈에 눈물이 고였다. 그는 그녀에게 입 맞추었다. 그녀의 입술에 닿은 것은 밀랍이었지만, 입맞춤의 흉내만으로도 그는 행복감에 전율했다. 그는 그녀를 품에 꼭 안았다. 둘은 말없이 신성한 사랑에 잠겼다.

그는 모아 넣은 들꽃다발을 품에서 꺼내며 속삭였다.

"당신을 위한 것이오. 몇 시간 전에 당신을 위해 이 숲에서 모았다오. 보시오! 아직 시들지 않았소."

그녀는 그 말에 당황하여 얼굴을 붉히며 말했다. "저를 본 적도 없는데 어떻게 저를 위해 꽃다발을 준비하셨어요?"

"곧 만나게 될 줄 알고 당신을 위해 모았소. 당신이야 말로 어떻게 한 번도 본 적 없는 나를 기다렸소?"

"결국에는 만나게 될 줄 알았거든요." 그녀는 꽃다발에 입을 맞추고 품에 안았다.

두 사람은 자리에서 일어나 손을 잡고 숲속으로 들어갔다. 길을 가면서 조지 경은 발밑에서 자라는 꽃들의 이름을 물었다. 그녀가 말했다. "앵초예요. 모르셨어요? 이건 복주머니란이고, 이건 물망초예요. 나무줄기를 타고 올라가서 나뭇가지 사이로 예쁘게 내려오는 저 하얀 꽃은 아스티아낙스라고 해요. 이 작은 노란색 꽃은 미나리아재비고요. 모르셨어요?" 그리고 그녀는 웃었다.

"꽃 이름은 하나도 모르오." 그가 대답했다.

그녀는 그의 얼굴을 올려다보며 소심하게 물었다. "꽃을 사랑하는 것이 세속적이고 잘못된 일일까요? 눈에 보이지 않는 더 고귀한 것들을 생각했어야 하나요?"

그 말이 조지 경의 마음을 아프게 때렸다. 그녀의 순수함에 대답할 말이 없었다.

그녀가 진지하게 말했다. "꽃은 좋은 것이 분명해요. 당신이 저를 위해 이 꽃다발을 만들어 주셨잖아요? 하지만 당신이 꽃을 사랑하지 않는다면 저도 그래야 할 거예요. 꽃들의 이름을 잊으려고 노력할 거예요. 저는 모든 일에 당신처럼 되려고 노력해야 하니까요."

"꽃을 늘 사랑하시오. 그리고 내게도 꽃을 사랑하는 법을 가르쳐 주시오."

그러자 그녀는 그에게 꽃에 대해 전부 말해 주었다. 어떤 꽃이 천천히 자라고 어떤 꽃이 하룻밤 만에 피는지, 모닝글로리가 얼마나 영리하게 나무를 타는지, 제비꽃은 얼마나 수줍음이 많은지, 은방울꽃은 왜 꽃잎이 접혀 있는지도 알려 주었다. 그리고 숲에서 노래하는 새들에 대해서도 이야기했다. 그녀는 소리만 듣고도 어떤 새인지 알 수 있었다. "저건 되새가 노래하는 거예요. 들어보세요!" 그렇게 말하고 그녀는 연인이 기억할 수 있도록 되새의 소리를 흉내 냈다. 그녀의 말에 따르면 뻐꾸기를 제외하면 새는 다 착했다. 뻐꾸기 노랫소리가 들릴 때마다 그녀는 남의 둥지를 훔친 새를 용서하게 될까 봐 귀를 막았다. "저는 매일 숲에 왔어요. 외로웠거든요. 숲이 저를 불쌍히 여기는 것 같았어요. 하지만 이제는 당신이 있어요. 그래서 기뻐요!"

그녀는 그의 팔을 꼭 끌어안았고 그는 그런 그녀에게 입 맞추었다. 그녀가 밀짚모자를 뒤로 젖히자 끈에 달린

모자가 목 뒤로 매달렸다. 그녀는 작은 머리를 그의 어깨에 기댔다. 한동안 그는 자신이 그녀를 속였음을 잊고 서로의 사랑만 생각했다. 갑자기 그녀가 그에게 말했다. "제가 어떤 얘기를 하려는데 듣고 화내지 마세요. 당신이 끔찍하게 여길 만한 일이거든요."

그가 대답했다. "가엾은 사람,* 당신이 끔찍한 일을 했을 리가 없소."

"저는 아주 가난해요. 그래서 매일 밤 극장에서 춤을 춰요. 생계를 위해 할 수 있는 일이 그것뿐이에요. 춤을 추는 저를 경멸하시나요?" 그녀는 수줍게 그를 올려다보았다. 그의 얼굴에는 그녀를 향한 사랑이 가득했다. 성난 얼굴이 아니었다.

"춤추는 거 좋아하오?" 그가 물었다.

그녀가 재빨리 대답했다. "싫어요. 정말 싫어요. 하지만 아아, 오늘 밤 극장에서 다시 춤을 춰야 해요."

그러자 연인이 말했다. "다시는 춤출 필요 없소. 나는 부자요. 극장에 돈을 지불하고 당신을 자유롭게 해주겠소. 당신은 나를 위해서만 춤을 추면 되오. 내 사랑, 지금

---

* Pauvrette.

정오밖에 안 되었을 거요. 시간이 있을 때 시내로 들어갑시다. 당신은 나의 신부가 되고 나는 당신의 신랑이 되는 거요. 당신과 내가 왜 외로워야 하오?"

"그럴 이유가 없죠." 그녀가 말했다.

그래서 그들은 발걸음을 돌려 제니 양이 시내로 들어가는 가장 빠른 길이라고 지목한 좁은 길로 들어섰다. 길을 가다 보니 꽃이 만발한 정원이 딸린 오두막집이 나왔다. 늙은 나무꾼이 말뚝 울타리에 기대어 있다가 그 앞을 지나치는 그들을 향해 고개를 끄덕였다.

제니가 말했다. "저는 저 아담하고 예쁜 오두막에 사는 나무꾼이 종종 부러웠어요."

"그럼 우리가 저기서 삽시다." 조지 경이 말했다. 그리고 오두막으로 되돌아가서 노인에게 이곳에서 혼자 사는 것이 힘들지 않느냐고 물었다.

노인은 대답했다. "이곳 생활은 처량합니다. 아무도 숲에 오지 않아요. 가끔 놀러 오는 어린아이들이나 당신네 같은 연인들이 전부지요. 그들마저도 내겐 거의 관심이 없어요. 겨울에는 그야말로 잭 프로스트*와 나 둘뿐입니다! 노인에게는 좀 더 유쾌한 친구가 필요한데 말이에요. 아! 나는 나뭇단을 지고 가다 눈 속에서 죽고 말 거예요.

이곳 생활은 참 처량합니다!"

그러자 조지 경이 말했다. "이 오두막과 이 안에 있는 모든 것의 값으로 금을 드릴게요. 이곳을 떠나 시내에서 행복하게 사세요." 그는 코트에서 200기니짜리 수표를 꺼내어 말뚝 울타리에 걸쳐 놓았다.

"연인들이란 가엾고 어리석은 풋내기들이지." 노인은 그렇게 중얼거린 후 말을 이었다. "하지만 정말 감사합니다, 선생님. 이 정도 금액이면 죽을 때까지 아늑하게 지낼 수 있을 겁니다. 될 수 있으면 빨리 오두막으로 들어오세요. 이곳은 외로워서 어서 떠나고 싶군요."

조지 경이 말했다. "오늘 오후에 시내에서 결혼식을 올릴 겁니다. 결혼식이 끝나면 바로 이곳으로 돌아올 생각입니다."

나무꾼이 대답했다. "행복하시길 빌겠습니다. 두 분이 오실 때쯤이면 나는 없을 겁니다."

연인들은 그에게 감사를 표하고 길을 떠났다.

제니가 물었다. "많이 부자신가요? 그 오두막집을 그

---

* Jack Frost. 추위를 이미지화한 산타클로스나 이빨 요정과 같은 부류로, 우리 식으로는 '동장군'쯤 된다.

렇게 비싼 값에 사시다니요?"

조지 경은 잠시 뜸을 들인 후 그녀에게 물었다. "내가 아주 가난해져도 지금처럼 나를 사랑할 건가요, 어린 제니?"

그녀가 말했다. "개울 건너편에서 당신을 봤을 때 나는 당신이 부자인 줄 몰랐어요."

조지 경은 마음속으로 굳게 결심했다. 세속의 재산을 다 버리기로 말이다. 클럽에서 정당하게든 부당하게든 게임으로 딴 돈들, 비열하게 모은 금화들을 자기 때문에 가난해진 이들에게 나눠 줄 생각이었다. 그를 믿는 다정한 소녀를 곁에 두고 걷노라니 지난날의 악행이 자꾸만 떠올라 괴로웠다. 그의 부드러운 가면 뒤로 고통스러운 표정이 스쳤다. 그는 속죄할 생각이었다. 영혼을 정화하기 위해서라면 어떤 희생도 감수할 참이었다. 전 재산을 내놓을 생각이었다. 폴라드 체이스는 폴라드 경에게 돌려주리라. 세인트 제임스 광장에 있는 집은 팔아 버리리라. 물려받은 재산 중 제니와 함께 숲에서 지내는 데 필요한 만큼만 남기고 그 이상은 갖지 않으리라.

"난 아주 가난해질 거예요, 제니!" 그가 말했다.

그리고 그들은 연인들이 말하기 좋아하는 것들에 대

해 이야기했다. 함께 있으면 얼마나 행복할지, 경제적으로도 얼마나 이득일지 같은 것들 말이다. 두 사람이 허버트 제과점 앞을 지나갈 때, 제니는 연인의 금욕적인 얼굴을 다소 아쉬운 듯 올려다보았다. 어린 독자 여러분도 알다시피, 그 제과점은 지금도 켄싱턴에 있다.

그녀가 물었다. "번이 하나 먹고 싶다고 말하면 제가 욕심쟁이라고 생각하실까요? 이곳엔 먹음직한 번이 잔뜩 있어요!"

번이라니! 그 간단한 단어를 듣자 잠들어 있던 조지 경의 어린 시절 기억이 깨어났다. 제니도 결국 아이였다. 번이라! 그는 번이 어떻게 생겼는지 잊어버렸다. 그래서 창가에 쌓여 있는 형형색색의 빵을 바라보며 제니에게 물었다. "어떤 게 번이요, 제니? 나도 하나 먹고 싶소."

그녀가 말했다. "당신이 무서워지려고 해요. 당신은 나를 경멸할 게 뻔해요. 당신은 너무나 선해서 대부분의 사람들이 좋아하는 허영과 즐거움까지 모두 멀리하는 건가요? 번이 뭔지 모르신다니 경이로워요! 번은 건포도가 조금 들어 있는 갈색의 반짝이는 둥근 빵이에요."

조지 경은 먹음직한 번 두 개를 샀다. 두 사람은 가게에 함께 앉아 빵을 먹었다. 처음에 제니는 소심하게 번을 베어 물었지만 그가 오두막집에서 번을 자주 먹어야겠다고 말하자 바로 안심했다. 그렇지! 가면의 무감각한 입술을 통해 세인트 제임스 거리의 유명한 술고래이자 미식가였던 그의 입천장으로 넘어온 그 소박한 음식은 너무나 맛있었다. 번을 다 먹고 일어나니 더 나은 사람이 된 것 같았다.

이제 지체할 시간이 없었다. 이미 시간은 2시를 넘어섰다. 조지 경은 제과점 맞은편에 있는 여관에서 마차를 빌려 민법박사회관*으로 빨리 가달라고 말했다. 회관에 도착한 그는 결혼특별허가증을 구입했다. 직원이 허가증에 이름을 써달라고 하자 그는 망설였다. 어떤 이름을 써야 할까? 가면을 쓰고 소녀에게 구애했으니, 가짜 이름으로 그녀와 결혼해야 했다. 그는 사기꾼인 자신이 혐오스러웠다. 그녀가 주지 않을 사랑을 비열하게 훔친 자가 아닌가. 지금이라도 자신이 그녀를 겁에 질리게 한 얼굴의 소유자임을 고백하고 그의 길을 가야 하지 않을까? 하지만 영혼이 변모된 그가 옛 이름을 고집하는 것도 정

---

* Doctors' Commons. 옥스퍼드 대학교와 케임브리지 대학교 법학박사 학위 소지자들로 구성된 교회법 및 민법 교육기관. 이 단체의 회원들은 법원 재판관에게 변호사 자격을 받고 1857년까지 유언, 결혼, 이혼을 다루었다.

당한 일은 아니었다. 조지 헬은 분명히 죽었고, 그의 이름도 그와 함께 죽었다. 조지 경은 펜을 잉크에 담갔다가 뺀 뒤 '조지 헤븐'이라고 썼다. 그보다 더 좋은 이름은 생각나지 않았다. 제니는 그 아래에 '제니 미어'라고 썼다.

한 시간 후 두 사람은 코벤트 가든에 있는 작고 아담한 호적등기소에서 간단한 의식에 따라 결혼식을 올렸다.

그리고 선선한 저녁에 집으로 돌아갔다.

4

나무꾼의 소유였던 오두막집에서 그들은 멋진 신혼 기간을 보냈다. 어떤 황금 궁전의 왕과 왕비보다 더 행복했다. 그들에겐 작은 오두막집이 궁전이었고 정원을 가득 채운 꽃이 신하들이었다. 그들의 통치 기간*은 길었고 아무 걱정이 없었으며 입맞춤으로 가득했다.

조지 경은 가끔 이상한 꿈 때문에 잠을 설쳤다. 한번은 성의 커다란 문을 두드리고 또 두드리며 서 있는 꿈을 꾸었다. 혹독한 밤이었다. 서리가 그를 감쌌고 아무도 그리로 오지 않았다. 그러다 성문 너머 복도에서 발소리가 들리더니, 겁에 질린 두 눈이 창살 사이로 그를 유심히 보았다. 제니가 그의 얼굴을 살피고 있었다. 그녀는 문을

---

* 신혼 기간.

열지 않았다. 그가 눈물과 거친 말로 애원했지만 그녀는
열어 주지 않았다. 할 수 없이 몰래 성을 살금살금 돌아
간 그는 벽에 달린 작은 여닫이창을 발견했다. 창은 열려
있었다. 그는 그 창을 통해 재빨리, 그리고 조용히 성 안
으로 들어갔다. 어두운 방 안에서 누군가 그에게 달려와
기쁜 마음으로 입 맞추었다. 제니였다. 그는 기쁘면서도
부끄러워 울면서 깨어났다. 그의 곁에는 제니가 누워서
어린아이처럼 자고 있었다.

그 꿈은 그에게 무엇을 의미했을까? 그것은 행복한 일
상이라는 그의 현실을 훼손하지 못했다. 그는 과거의 악
행에 대한 진정한 참회를 소중히 간직하고 있었다. 과거!
그것은 정말이지 그의 삶에 남아 있는 유일하게 비현실
적인 것이었다. 소박한 신혼 생활을 누리는 가운데 그것
의 실체는 날마다 줄어들고 희미해졌다. 조지 경은 과거
를 완전히 버리지 않았던가! 결혼하고 몇 시간 후에 그
는 변호사에게 편지를 써서 조지 헬 경은 세상을 버렸고,
아무도 찾을 수 없는 곳에 있으며, 그의 전 재산을 동료
들 누구누구에게 이렇게 저렇게 나눠 주기를 원한다고
엄숙히 선언하지 않았던가! 그 유언장으로 그는 자신이
저지른 잘못을 참으로 속죄했고 세상을 완전히 떠났다.

그 문서에는 주소가 적혀 있지 않았다. 유언장의 내용은 바꿀 수 없고 법으로 집행할 수 있었지만, 그의 은신처를 알 만한 단서는 들어 있지 않았다. 게다가 아무도 그를 찾고 싶어 하지 않았다. 인간에게 어떤 유익도 끼친 적이 없었던 그는 아쉬워하는 이 없이 모두의 기억에서 사라질 것이다. 조지 경이 다니던 신사클럽 회원들은 재산을 포기한 그의 이상한 결정을 비웃고 어리둥절해하고, 덕분에 부자가 된 사람들을 부러워할 것이다. 악당이 사라져서 속이 시원하다고 말하고 곧 그를 잊어버릴 것이다.[*]

---

[*] 나는 어린 독자들에게 《우리 시대의 귀족들》의 내용을 다시 한번 소개하고 싶다. 이 책에서 탈러턴 대위는 조지 헬 경의 갑작스러운 실종에 대해 추측하고 그것이 도시 주민들에게 미친 영향을 이렇게 적었다. "아무리 영리한 사람도 이 부유한 남자가 사라진 일에 대해 한 줄기 빛을 던져 줄 만한 추측을 내놓지 못했다. 그는 가블극장의 어린 무희와 함께 사라진 것 같다. 그가 사라진 날 밤에 그는 분명히 극장에서 즐거운 시간을 보냈고, 이후 그 젊은 아가씨는 극장에 다시는 돌아오지 않았다. 가블은 그녀의 배신에 대한 보상을 받았다고 선언했지만, 그녀가 조지 경을 단호하게 거절하는 모습을 봤던 터라 그에게 굴복하지 않았을 거라고 확신했다. 조지 경과 어울리던 이들은 그가 젊은 아가씨를 죽이고 자살했을 거라고 말하기도 하나, 아무 증거도 없는 얘기였다(Il n'y a pas d'épreuve). 가장 놀라운 점은 잠적한 사람이 완벽한 유언장을 작성하여 카드게임 등에서 딴 돈을 모두 주인에게 돌려줬다는 사실이다. 이것은 그가 갑자기 회개하고 바다를 건너 외국의 수도원으로 넘어가 그곳에서 종교적 침묵을 실천하다 죽었을 거라는 의견을 수긍하게 하는 사실이다. 진실이 무엇이건 간에, 낭비벽 있는 많은 이들이 [조지 경의 유서 덕분에] 주머니에서 기니 금화가 딸랑대는 소리를 듣게 되었는데, 듣기 싫은 소리는 아니었다. 섭정도 조지 경의 이상한 유언의 혜택을 받았고, 나이 많은 폴라드 폴라드 경은 빼앗겼던 조상의 집을 되찾았다. 세인트 제임스 광장에 있는 조지 경의 저택은 모든 부속물과 함께 팔

하지만 주로 조지 경의 지원을 받았던 여자, 그를 부도덕한 방식으로 사랑했던 라 감보기도 다른 사람들처럼 그를 쉽게 잊을까? 달콤한 날들이 흘러가면서 그녀로 인한 불안은 점점 옅어졌고 덜 위협적이 되었다. 그녀는 분명히 그의 가면을 알고 있었지만, 켄싱턴 근처의 오두막집에 있는 그를 어떻게 찾아내겠는가? 외딴 은신처의 달콤함이여!* 그는 신부와 함께 안전하게 숨어 있었다. 그이탈리아 여자는 그를 계속 찾고 있을 수도 있고, 다른 연인의 품에 안긴 채 이미 그를 잊었을 수도 있다.

그렇다! 그의 신혼 생활의 결점은 줄어들고 희미해졌다. 처음에 그는 행복의 수단인 밀랍 가면이 신부와 자신을 가로막는 장벽처럼 느껴졌다. 가면을 사이에 두고 그녀에게 입 맞추고, 가면 너머의 그녀를 사랑의 눈으로 바라보는 일은 참 달콤했지만, 가면이 그를 조롱하는 것 같아 불편하기도 했다. 조지 경은 가면을 벗을 수 있을까? 물론 그럴 수 없었다. 그는 평생 가면을 써야 했다. 그래

렸고, 그렇게 해서 확보된 상당한 금액은 조지 경이 밝힌 뜻에 따라 여러 좋은 일에 쓰였다. 많은 사람이 한때 숱하게 저주했던 그의 이름을 축복했다. 그의 유골에 평화가 깃들기를. 그것이 어떤 유골함에 담겨 있든, 어떤 대양의 파도를 떠돌든! †

* Devia dulcedo latebrarum!

서 매일매일 가면에 익숙해지려고 노력했다. 이제는 가면이 더는 얼굴에 거슬리지 않았다. 그것은 그의 일부가 된 것 같았고, 딱딱한 물건이었지만 그의 마음을 가득 채운 단 하나의 감정인 참사랑을 잘 드러내 주었다. 제니의 마음을 얻게 해준 그 얼굴은 조지 헤븐에게도 참 소중했다.

그는 날마다 그날의 기쁨으로 순화되었다. 그와 제니는 아주 소박하게 살았다. 새들처럼 일찍 일어났고, 착한 새들을 진심으로 사랑했다. 빵과 꿀, 약간의 딸기가 아침 식사였고, 저녁에는 씨앗 케이크와 듀베리 담금주를 즐겼다. 담금주는 제니가 직접 만들었다. 남편은 엄격히 절제하여 마셨는데 두 잔을 넘기지 않았다. 그는 제니의 담금주가 섭정의 체리 브랜디나 브룩스클럽*의 토카이 와인보다 훨씬 맛있다고 생각했다. 이제 그런 술들의 맛은 거의 기억나지 않았다. 어린 신부가 야생 베리로 만든 담금주는 충분히 훌륭했다. 때때로 그는 저녁식사를 마치고 나면 달빛이 비치는 잔디밭에서 그녀에게 플루트를 불어 주거나, 다음 날 그녀를 위해 만들 커다란 데이지꽃

---

* Brooks's. 런던 세인트 제임스 거리에 있는 신사 사교클럽.

목걸이에 대해 이야기하거나, 잠자리에 들 때까지 조용히 그녀 곁에 앉아 나이팅게일의 노래를 들었다. 그들의 일상은 놀라울 정도로 단순했다.

어느 날 아침, 조지 경은 꽃에 물을 주는 제니를 돕다가 갑자기 말했다. "내 사랑, 우리가 잊고 있었소!"

"우리가 뭘 잊었을까요?" 물을 주던 제니는 고개를 들어 물었다.

남편이 진지하게 대답했다. "우리가 결혼한 지 한 달째 되는 날이오. 축하 행사 없이 그냥 넘어가서는 안 되오."

제니가 말했다. "그럼요, 그럴 수는 없죠. 어떻게 축하할까요?"

부부는 의논 끝에 특별한 잔치를 열기로 했다. 마을에 가서 근사한 번을 한 봉지 산 다음 오후에 먹자는 계획이었다. 꽃에 물을 마저 다 주고 난 뒤에, 두 사람은 허버트 제과점으로 가서 번을 사 들고 들뜬 마음으로 집으로 돌아왔다. 조지의 손에는 온전한 번이 열두 개나 담긴 종이 봉지가 들려 있었다. 제니는 잔디밭에 있는 플라타너스 나무 아래에 앉았고 조지는 그녀의 발치에 누웠다. 그들은 잔치를 서둘러 시작하고 싶지 않았다. 어린애 같은 기대감에 젖어 한껏 꾸물댔다.

제니는 작고 투박한 테이블 위에 번을 하나씩 쌓아 올렸다. 그 모습이 높은 탑처럼 보였다. 아주 조심스럽게 열두 번째 번을 올려 탑을 완성하자 남편은 감탄하며 바라보았고, 그녀는 손뼉을 치며 주위를 돌면서 춤을 추었다. 제니가 얼마나 크게 웃었던지 (이제 겨우 열여섯 살이었지만 그녀는 유머 감각이 뛰어났다) 테이블이 흔들렸고, 아아— 탑이 기우뚱거리더니 잔디밭 위로 무너졌다. 제니는 잔디 위를 이리저리 구르는 번을 새끼 고양이처럼 재빠르게 쫓아가 능숙하게 주웠다. 그러고는 헝클어진 머리와 빨갛게 상기된 즐거운 얼굴로 번을 가득 안고 돌아왔다. 그녀는 번을 종이봉지에 다시 넣었다.

제니가 남편을 내려다보며 말했다. "사랑하는 남편께서는 왜 제가 바보짓을 하며 놀아도 웃어 주지 않나요? 그렇게 심각한 얼굴을 하고 있으니까 야단맞는 것 같아요. 웃어요. 안 그러면 제가 당신을 성가시게 한다고 생각할 거예요. 제발 살짝만 웃어 주세요."

하지만 가면은 당연히 웃을 수 없었다. 그것은 참사랑을 비춰 주는 거울처럼 만들어졌고, 심각한 표정으로 고정되어 있었기 때문이다. "번이 막 무너질 때 아주 재미있었소. 하지만 내 입술은 웃음을 지을 수가 없어요. 당신에 대한 사랑의 주문을 건 상태로 굳어 버렸기 때문이오."

"전 당신을 사랑하지만 웃을 수 있는걸요? 이해가 안 돼요." 그녀는 의아해했다.

조지는 그녀의 손을 잡고 부드럽게 어루만지며 자기가 웃을 수 있으면 좋겠다고 생각했다. 어쩌면 그녀는 이 단조로운 심각함, 이 뻣뻣한 다정함에 언젠가 싫증이 날 것이다. 제니가 남편에게 약간의 표정을 바라는 것은 이상한 일이 아니었다. 그들은 그대로 가만히 앉아 있었다.

"제니, 무슨 일이오?" 조지가 갑자기 속삭였다. 제니가 눈을 크게 뜨고 그의 머리 위쪽, 잔디밭 너머를 보고 있었기 때문이다. "왜 겁먹은 표정을 하고 있소?"

그녀가 말했다. "울타리 너머에서 낯선 여자가 저를 보고 웃고 있어요. 모르는 여자예요."

남편의 가슴이 철렁 내려앉았다. 왠지 그는 침입자 쪽으로 고개를 돌릴 수가 없었다.

제니가 말했다. "그 여자가 저에게 고개를 끄덕이고 있어요. 외국인 같아요. 사악한 얼굴을 하고 있어요."

조지가 속삭였다. "모른 체해요. 나쁜 사람 같소?"

"아주 나쁜 사람 같고 매우 음침해요. 분홍색 양산을 쓰고 있어요. 이는 상아 같고요."

"모른 체해요. 오늘이 무슨 날인지만 생각해요. 우리가 결혼한 지 한 달 되는 날이오, 여보!"

"저 여자가 저를 보고 웃지 않았으면 좋겠어요. 그녀의 눈은 밝은 잉크 얼룩 같아요."

"우리 멋진 빵을 먹읍시다!"

"어머나, 여자가 들어와요!" 조지는 대문 걸쇠가 삐걱대는 소리를 들었다. 제니가 속삭였다. "들어오지 말라고 하세요! 무서워요!" 자갈길을 내딛는 발소리가 들려왔다. 하지만 그는 감히 돌아보지 못했다. 제니의 손을 더 꽉 쥐고 목소리를 기다릴 뿐이었다. 목소리의 주인공은 라 감보기였다.

"이런, 이런, 실례해요! 오래된 친구의 뒷모습을 내가 못 알아볼 리가 없지요."

조지는 절망이 주는 용기에 힘입어 몸을 돌리고 여자를 마주했다.

"아무리 얼굴이 놀랍게 변했어도 말이죠." 그녀가 미소를 지었다.

조지는 똑바로 일어나 그녀와 신부 사이에 서서 말했다. "부인. 분명히 말하오. 이 정원에서 나가시오. 우리의 친분을 되살리는 것이 무슨 유익이 있는지 모르겠소."

"친분이라!"라 감보기가 짙은 눈썹을 치켜올리며 중얼거렸다. "한때 친구였다는 말이 정확하겠죠. 지금도 당신과 멀어지고 싶을 만큼 당신에 대한 존경심이 사라진 것은 아니에요."

조지 경이 떨리는 목소리로 대답했다. "부인, 보시다시피 나는 행복하오. 신부와 함께 아주 평화롭게 살고 있다오."

"그 신부에게 나를 소개해 주기를 간청할게요. 오랜 친구여."

그가 발끈하여 말했다. "그녀의 아름다운 이름을 당신처럼 악명 높은 이름과 엮어서 더럽힐 생각은 없소."

라 감보기는 침착하게 정원 의자에 앉아 비단 치마를 매만지며 말했다. "당신의 성깔이 내게 상처를 주네요, 오랜 친구여."

조지가 말했다. "제니, 이 숙녀분이 떠날 때까지 오두막집에 들어가 있겠소?" 하지만 제니는 그의 팔에 매달렸다. 그리고 속삭였다. "당신 곁에 있으면 덜 무서워요. 들어가 있으라고 하지 마세요!"

라 감보기가 말했다. "예쁜 신부는 그냥 두세요, 조지. 내가 시내 중심부에서 이렇게 먼 길을 온 것은 당신뿐만 아니라 그녀도 보기 위해서였으니까요. 난 그녀와 친구가 되고 싶을 뿐이에요. 그녀가 예의 바른 본을 보여서 나를 환영해 주면 어떨까요? 이리 와서 내 옆에 앉아요, 어린 신부님. 당신에게 들려줄 말이 있어요. 내 우정은 거절하더라도 말을 들어 주는 정도의 예의는 지켜 줄 수 있지 않나요? 오래 있지 않고 금세 떠날 거예요. 손님이 오시나요, 조지? 시골에서 가면무도회라도 열린 것 같네요!*" 그녀가 부부를 찬찬히 뜯어보고는 말했다. "당신 아내의 가면이 당신 것보다 훨씬 낫네요."

제니가 속삭였다. "저 말이 무슨 뜻이죠? 오, 저 여자한테 가라고 하세요!"

조지가 할 수 있는 말은 이것뿐이었다. "뱀아, 우리의 에덴동산에서 기어 나가라. 네 독에 이곳의 가장 아름다

---

* On dirait une masque champêtre!

운 주민이 다치기 전에."

라 감보기가 일어나더니 격렬히 외쳤다. "자존심이 상하는 것에도 한계가 있어요. 지금까지 참아 왔지만 아무리 우정이 소중해도 '뱀'이라고 불리는 건 참을 수 없군요. 나는 이 무례한 곳을 정말로 떠날 거예요. 하지만 체면이 구겨져도 가기 전에 한 가지 부탁할 게 있어요. 내가 그토록 자주 애무하던 그 사랑스러운 얼굴을 보여 주세요. 소중했던 그 입술을 한 번만 더 보여 주세요!"

조지가 깜짝 놀라 물러섰다.

"저 여자가 무슨 말을 하는 거예요?" 제니가 속삭였다.

라 감보기의 말이 이어졌다. "우리의 오랜 우정을 생각해서 이 간절한 부탁을 들어주세요. 잠시만 얼굴을 보여 주세요. 그러면 맹세컨대 다시는 당신이 내가 살아 있다는 걸 기억할 일이 없게 할게요. 어린 신부님, 나를 위해 간청해 주세요. 가면을 벗으라고 해주세요. 저 사람이 내 말은 안 들어도 당신 말은 들을 거예요. 남편이 사랑하는 당신의 그 손가락으로 그의 가면을 벗겨 주세요."

"저 여자가 무슨 말을 하는 거예요?" 불쌍한 제니는 같은 말을 되풀이했다.

조지가 폭로자를 엄중히 바라보며 말했다. "당신이 지

금 제 발로 가지 않는다면, 남자로서 할 수 없는 행동이지만 내가 강제로 쫓아낼 거요."

"가면을 벗어요. 그럼 갈게요."

조지는 그녀를 향해 위협적으로 다가갔다.

그녀가 악을 썼다. "거짓 성자! 그럼 내가 가면을 벗겨 주마."

그녀는 표범처럼 그에게 달려들어 밀랍으로 된 뺨을 할퀴었다. 제니는 공포에 질려 아무 말 못 하고 뒤로 물러났다. 조지는 제니가 그의 얼굴이라고 생각한 부분을 할퀴고 할퀴며 몸부림치는 습격자를 떨쳐 내려고 애썼지만 헛수고였다. 제니는 크게 소리를 지르며 성난 여자에게 달려들어 사랑하는 사람에게서 떼어 내려고 온 힘을 다했다. 세 사람은 한데 뒤엉켜 싸우면서 이리저리 흔들렸다. 그러다가 커다란 코르크 마개가 빠질 때처럼 펑하는 소리가 크게 났고, 라 감보기는 몸을 움츠렸다. 그녀가 가면을 찢어서 벗긴 것이다. 가면은 그녀 앞 잔디밭 위에 하늘을 바라보고 놓여 있었다.

조지는 꼼짝 않고 서 있었다. 라 감보기는 그의 얼굴을 올려다보았다. 새빨갛던 그녀의 얼굴이 순식간에 하얗게 질렸다. 자신을 바라보고 있는 남자는 분명히 그녀가 가면을 벗긴 그 사람인데, 그의 얼굴은 가면과 똑같았기 때문이다. 선 하나하나, 이목구비 하나하나까지 똑같았다. 성자의 얼굴이었다.

그는 절망 어린 목소리로 차분히 말했다. "부인, 당신은 지금 나를 완전히 파멸시켰으니 당신의 뺨이 창백해지는 것은 당연하오. 그렇지만 나는 당신을 용서하겠소. 신들이 소중한 사람을 속인 내 죄를 당신을 통해 벌했소. 나는 용서할 수 없는 그 죄 때문에 벌을 받은 거요. 나는 밀랍 가면으로 가여운 신부의 사랑을 훔쳤소. 그녀에게는 용서를 구할 도리가 없소. 아, 제니, 제니, 날 보지 말아요. 내가 숨겨 온 불쾌한 현실에서 눈을 돌려요."

조지는 몸을 부들부들 떨며 두 손으로 얼굴을 가렸다. "날 보지 말아요. 나는 이 동산에서 떠나겠소. 이 끔찍한 얼굴로 당신을 괴롭히지 않겠소. 나를 잊으시오, 나를 잊으시오."

그가 돌아서서 가려고 하자 제니는 그의 손목을 잡고 자신을 보라고 간청했다. "정말이지 당신의 이상한 말 때문에 어리둥절해요. 왜 가면을 쓰고 저에게 구애하셨나요? 왜 제가 당신의 얼굴을 보면 당신을 덜 사랑할 거라고 생각하시는 건가요?"

조지는 그녀의 눈을 들여다보았다. 그녀의 보랏빛 눈동자에 작게 비친 자신의 얼굴이 보였다. 그 순간 그는 기쁨과 경이감으로 가슴이 터질 듯했다.

제니가 말했다. "정말이지 당신의 얼굴은 나를 속이고 가렸던 가면보다 훨씬 사랑스럽고 훨씬 아름다워요. 저는 화 안 났어요. 당신이 이 얼굴의 모든 영광을 제게 숨긴 것은 잘하신 일 같아요. 사실 저는 더 일찍 볼 자격이 없었어요. 그러나 이제 저는 당신의 아내예요. 항상 당신의 얼굴을 보여 주세요. 수습 기간은 이제 끝내 주세요. 당신의 입술로 제게 입 맞춰 주세요."

조지는 어린아이를 안 듯이 그녀를 품에 안고 가면이 아닌 자신의 입술로 그녀에게 입 맞추었다. 그녀가 두 팔로 그의 목을 감쌌다. 그는 그 어느 때보다 행복했다. 이제 정원에는 두 사람만 남았다. 가면이 놓여 있던 잔디밭에는 아무것도 없었다. 태양이 가면을 녹여 버렸기 때문이다.

부록

---∞---

역자 후기 홍종락

설교 에세이 강영롱

노력하다 지친 이들을
다독이는 이야기

영국 작가 C. S. 루이스의 대표작 《스크루테이프의 편지》에서 고참 악마 스크루테이프는 신참 악마 웜우드에게 인간('환자'라고 부른다)을 유혹하는 비결을 전한다. 그중 10번 편지는 교우 관계를 다룬다. 스크루테이프는 환자가 '바람직한' 친구들을 새로 사귄 것을 기뻐하며 어떻게 그들과의 관계를 악마에게 유리하게 이끌어 갈 것인지 웜우드에게 조언한다.

그들은 환자가 무의식적으로 한편이 되고 싶어 하는 '인싸'들이지만, 환자의 신앙과 정면 배치되는 생각을 드러내는 말을 한다. 환자가 그 사실을 애써 외면하며 그들과의 관계를 길게 이어 갈수록 환자는 "자꾸 진심을 가장해야 하는 입장"에 처하게 될 것이다. 자신이 동조하지 않는 온갖 냉소적이고 회의적인 태도들을, 처음에는

"말을 해야 할 때는 침묵을 지키고, 침묵해야 할 때는 웃어 버리는" 식의 행동으로만 인정하다가 "결국에는 입으로도 인정하게 될 테고 … 그런 태도들은 아예 환자의 것이 되어 버릴 수도 있다."

스크루테이프는 이런 경향을 한마디로 정리한다. "인간은 자신이 가장했던 대로 변하는 법이니까. 이건 기본이야." 인간은 자신이 가장했던 대로 변한다. 나쁜 짓을 따라 하면 나쁜 사람이 될 것이다. 이건 따로 말할 것도 없다. 머리로도, 경험적으로 이해할 수 있다. 그러면 반대로 좋은 일은 어떨까?

좋은 것에 대한 두 가지 가장

《순전한 기독교》에서 루이스는 인간이 선하게 되는 비결도 가장하는 데 있다고 단언한다. 《순전한 기독교》 4부 7장의 제목이 바로 '가장합시다'이다.* 루이스는 '가장합

---

* 루이스는 《순전한 기독교》에서 신앙에서조차 과연 그렇다고 당당히 논증한다. 《순전한 기독교》 4부에서 그는 6장에 이르기까지 하나님이 어떤 분이시며 어떤 일을 하셨는지 설명한 다음, 7장부터 하나님의 생명을 누리고 살 수 있는 비결을 말한다. 7장 '가장(假裝)합시다'에서 그는 주기도문의 첫 문장인 "하늘에 계신 우리 아버지"라고 기도하는 것 자체가 예수 그리스도로 가장하는 것이라는

시다'를 시작하면서 두 가지 이야기를 도입으로 삼는다. 하나는 잘 알려진 '미녀와 야수'다. 체스터턴은 《정통》에서 이 이야기의 위대한 교훈을 이렇게 정리한 바 있다. "사랑스럽게 되기 전에 먼저 사랑을 받아야 한다." 제목은 나오지 않지만 루이스가 소개하는 두 번째 이야기가 바로 《행복한 위선자》로 짐작된다. 이 이야기의 교훈은 앞서 언급한 스크루테이프의 말로 정리할 수 있다. "인간은 가장했던 대로 변한다."

가장이라는 건 '내가 아닌 모습으로 꾸미는 것'이다. '사람이 솔직하고 진실해야지 자신의 모습과 다르게 꾸미고 가장하는 것은 음험하고 거짓된 일 아닌가?' 이렇게 생각할 수 있다. 그러나 가장에는 두 종류가 있다. 나쁜 가장과 좋은 가장이다. 나쁜 가장을 우리는 흔히 '위선'이라고 부른다. 실제로는 돕지 않으면서 돕는 척할 때가 그런 경우다. 진짜를 밀어내는 가장이다. 이것은 아무리 조심하고 경계해도 부족할, 나쁜 가장이다.

그러나 좋은 가장도 있다. '진짜를 향해 나아가는 가

지적을 시작으로, 올바르게 '가장하는' 것이 어떻게 그리스도의 생명을 누리고 새사람이 되는 길로 이어지는지 설명한다.

장'이다. 루이스의 설명을 직접 들어보자.

친밀감을 갖고 대해야 할 사람한테 친밀감이 생기
지 않을 때 가장 흔히 쓸 수 있는 최선의 방책은, 자
신이 실제보다 더 친절한 사람인 양 친밀한 태도와
행동을 보이는 것입니다. 그러면 우리 모두가 이미
경험한 바처럼 얼마 후 전보다 큰 친밀감이 진짜로
생겨납니다. 어떤 소질을 실제로 기르려면 그 소질
이 이미 생긴 것처럼 행동해야 하는 경우가 아주 많
습니다. 그래서 아이들의 놀이가 그토록 중요한 것
입니다. 아이들은 군인 놀이, 가게 놀이 등을 하면서
어른 행세를 합니다. 그 가운데 근육이 단단해지고
이해력이 늘어나게 되지요. 이 어른 흉내놀이는 아
이들의 본격적인 성장을 돕습니다.*

라 감보기의 목소리

《행복한 위선자》의 주인공 조지 헬의 가장은 어떤 쪽

---

* C. S. 루이스, 《순전한 기독교》(홍성사, 2001), 287쪽.

일까? 그는 아름다운 제니 미어의 마음을 얻고자 가장한다. 가면을 쓴다. 수단방법을 가리지 않고, 사기를 쳐서라도 그녀를 차지하고자 한 것이다. 그렇게 해서 여자의 마음을 얻고 결혼을 한 뒤 본색을 드러내는 많고 많은 악당 중 하나처럼 보인다. 그런 악당들은 목적을 달성하고 나면 가면을 불필요하게 여긴다. 그래서 거추장스러운 가면을 결국 벗어 버린다. 써버린 티켓처럼, 한 번 읽고 다시 안 볼 책처럼. 그들은 진짜 얼굴을, 실체를 드러낸다.

그런데 헬 경은 다르다. 그는 제니 미어가 원하는 모습의 가면을 만들어 달라고 가면 제작자에게 청하면서 죽을 때까지 쓰겠다고 말한다. 제니가 원하는 얼굴의 가면으로 그녀의 마음을 얻고는, 그 가면에 걸맞게 살아가고자 힘쓴다. 그녀의 사랑에 부끄럽지 않은 사람이 되고 싶었기 때문이다. 그녀를 알기 전, 카드게임으로 사기 쳐서 따낸 것들을 피해자에게 모두 돌려주고 자신의 저택을 팔아 사회에 환원한다. 성자처럼 생긴 그 사람은 어떻게 살아야 할지를 생각하고 그대로 행동한다.

사랑을 해본 사람은 안다. 사랑에 빠지면 상대에게 잘 보이고 싶다. 상대가 반할 만한, 떳떳한 모습을 갖추고 싶다. 물론 그 모습은, 우리의 실제 모습과 거리가 있다.

자식에게 '부끄럽지 않은' 부모가 되고 싶다는 마음도, 〈미생〉에서 장그래가 '기억하자, 나는 어머니의 자랑이다'라고 한 말도 자신의 부족함을 의식하기에 나오는 것이다.

이런 상태에서 우리의 실제 모습과 추구하는 모습의 괴리는 불가피하다. 자기 모습에 마냥 안주하는 사람은 느낄 수 없는 부담과 자괴감이 찾아온다. 이 이야기 식으로 말하자면 라 감보기가 찾아오는 것이다. 그녀는 조지헬의 속을 꿰뚫어 보고 말한다. '넌 그런 사람 아니잖아. 넌 나를 사랑했잖아. 난 너를 알아. 옛날의 그 모습, 진짜 모습을 드러내. **가면을 벗어!**'

감보기는 변화를 추구하는 모든 사람에게 반드시 돌아온다. 그리고 말한다. 변화는 없다고. 정체성은 달라지지 않았다고. 넌 그냥 옛날의 너라고. 날 사랑하던 너. 사기 쳐서 카드게임에서 돈을 따고, 흥청망청 살던 한심한 존재라고.

그러나 이 아름다운 이야기는 가면이라는 이미지를 통해 '노력하다 지친' 사람들을 다독인다. 포기하지 말라고, 감보기에게 지지 말라고, 자신이 선택한 '가면'에 충실하라고! 그러면 언젠가 아름답고 경이로운 결말이 찾아올 거라고, 지극히 동화다운 방식으로 힘주어 말한다. 사랑하는 이에게 부끄럽지 않게 살겠다고 결심하는 이들에게 이 이야기가 격려와 힘이 되기를.

홍종락(번역가, 작가)

나를 빚어 가는 위선

삭개오가 일어서서 주님께 말하였다. "주님, 보십시오. 내 소유의 절반을 가난한 사람들에게 주겠습니다. 또 내가 누구에게서 강제로 빼앗은 것이 있으면, 네 배로 하여 갚아 주겠습니다." 예수께서 그에게 말씀하셨다. "오늘 구원이 이 집에 이르렀다. 이 사람도 아브라함의 자손이다."_누가복음 19:8-9

～

그날 이후, 그러니까 여리고에서 예수님을 만나고 나서 삭개오는 예수님의 말씀처럼 '아브라함의 자손'답게 되었을까?

세금을 부당하게 징수하며 재산을 불려 온 삭개오는

예수님을 만난 날 지키기 어려운 약속을 한다. "주님, 보십시오. 내 소유의 절반을 가난한 사람들에게 주겠습니다. 또 내가 누구에게서 강제로 빼앗은 것이 있으면, 네 배로 하여 갚아 주겠습니다"(눅 19:8).

그는 어쩌다가 이런 결심까지 하게 된 걸까? 삭개오의 장담에 우리 주님은 "정말 그렇게 할 수 있냐?"라며 따져 묻지 않으시고, "오늘 구원이 이 집에 이르렀다. 이 사람도 아브라함의 자손이다"(눅 19:9)라고 선포하신다.

돌감람나무 앞에 멈춰 선 예수님이 나무 위에 있던 자신을 알아보신 것도 황송한데 제자들과 함께 방문하셨으니, 삭개오는 그날 주님의 말씀에 깊은 감화를 받았을 것이다.

그리고 이튿날, 예수님이 예루살렘으로 떠나가신 뒤 삭개오는 집안의 하인을 불렀을 것이다. "창고를 열어 재물과 곡식을 수레에 실어 두어라." 하인은 이런 느닷없는 명령에 고개를 갸우뚱했을 터. 주인어른이 예수님 앞에서 소유를 나눈다 어쩐다 하는 말을 듣긴 했지만, 그는 구제 사업하고는 거리가 먼 수전노가 아니던가! 하인은 삭개오가 예수님과 한 약속을 정말 지키리라고는 상상도 못했다.

한집 사는 사람이 보기에도 이 지경인데, 삭개오가 자기 창고에서 꺼낸 돈과 식량을 가지고 가난한 사람들을 찾았을 때 반응이 어떠했을까? '이 탐욕스러운 인간이 여기에 왜 왔을까? 무슨 명분으로 세금을 뜯어내려고?' 이번에는 또 어떤 방식으로, 얼마나 부풀려서 돈을 뜯어가려는 건지 그들은 의심하며 눈살을 찌푸렸다.

삭개오는 그런 사람이었다. 한두 달 내에 이자까지 마련하겠다고 사정사정하는 이를 감옥에 처넣은 사람, 세법에 따라 공정하게 세금을 매긴다고 하면서 마음대로 남의 주머니를 털어 간 사람이었다. 그에게 세금 폭탄을 맞은 사람이 어디 한두 명이던가?

가뭄이 들어 농사가 시원찮아 이듬해까지 어떻게 버텨야 하나 걱정하는 이들에게 세금을 독촉하며 토지를 빼앗은 것도 한두 번이 아니었다. 어떤 이들은 이 고약한 세리의 압박에 시달리다 못해 야반도주하고 말았다. 마을 사람들은 살림살이 몇 점만 뒹구는 빈집을 혀를 차며 보다가, "그래, 잘 선택했다. 차라리 도망가는 게 낫지!" 하며 부러워하기도 했다.

이렇듯 동정심이라곤 눈을 씻고 봐도 없는 이 세리가 오늘은 다른 얼굴로 나타나 실없는 소리를 해댄다. 자기 재산을 나눠 주겠다는 둥 내가 빼앗은 재산이 있으면 말하라는 둥. 말 같지 않은 말에 여기저기서 수군댄다.

"저 인간이 무슨 꿍꿍이가 있어 저럴까?"

"뭘 더 빼앗아 가려고. 이번엔 또 무슨 협잡질일까?"

그들의 말소리가 삭개오의 귀에까지 들려왔다. 하지만 오늘만큼은 화가 치밀지 않았다. 버럭 소리를 지르지도 않았다. 그저 얼굴빛이 붉어졌을 뿐이었다. 그동안 아무렇지 않던 일들이 오늘따라 부끄럽게 느껴졌다. 기억이 났다. 세금 징수할 때가 되면 삭개오의 눈엔 사람이 아니라 그가 가진 재산부터 보였다. 어떻게든 세금을 줄여 보려고 버둥거리는 사람들 앞에 서면 목소리에 더 힘이 들어갔다. 마치 권좌에라도 오른 것처럼…. 삭개오는 자기의 과거가 떠올라 부끄러웠다.

생각이 여기에 미치자, 이른 아침부터 아랫사람을 독촉해 창고 문을 열어 곡식과 재산을 싣고 온 자신이 참으로 위선자처럼 느껴졌다. '내가 뭐라고 이렇게 시혜를 베푸는 왕처럼 구는 걸까? 어차피 이것은 내 것이 아닌데…. 지금껏 저들의 몫을 빼앗아 축적한 것이 아니던가?'

신앙의 선배들은 때때로 부끄러움을 느꼈다. 자신이 지금껏 대수롭지 않게 행한 일들이 얼마나 불의하고 끔

찍한 것이었는지를 깨닫는 순간, 그저 부끄러워졌다. 사
도 바울도 이렇게 고백했다.

"내가 전에는 훼방자요 박해자요 폭행자였습니다. 나
는 죄인의 우두머리입니다"(딤전 1:13, 15).

나 자신을 위해, 나와 함께한 무리들을 위해 응당 그래
야 한다고 믿었던 일들이 얼마나 잔인하고 포악한지를
깨닫는 순간이었다.

예수님 앞에서 약속한 선을 행하려는 첫날부터 삭개
오는 부끄러웠다. 흔들리고 긴장되는 마음을 정돈하려고
몇 차례 심호흡을 했다. 그때 말씀 한 구절이 그를 붙들
었다.

"이 사람도 아브라함의 자손이다"(눅 19:9).

나 같은 사람도 아브라함의 자손, 약속의 백성, 하나님
나라의 일원이라는 말씀이다. 그때 삭개오의 눈에는 눈
물이 고였으리라.

"나는 아브라함의 자손이다. 나는 아브라함의 자손이
다. 나는 아브라함의 자손이다."

한 번이 아니라 두 번, 세 번, 여러 차례 나직이 이 말
씀을 되뇌었을 것이다.

부끄러움은 신호다. 마음이 움직이기 시작했다는 신

호, 자신의 과거를 다시 보기 시작했다는 신호, 배고픈 자의 신음과 빚진 자의 간청에도 꿈쩍하지 않던 마음이 깨어났다는 신호. 부끄러움은 신호다. 자신을 부끄럽게 만든 그분에게로 돌아가게 하는 신호.

　영국의 수필가이자 소설가인 맥스 비어봄의 명작《행복한 위선자》의 주인공 조지 헬은 당시 알아주는 난봉꾼에다 사기꾼이었다. 대개 이런 부류의 사람들이 다른 사람들 앞에선 시치미를 떼고 부드러운 표정을 짓곤 하는데 반해, 조지 헬은 솔직해도 너무 솔직했다. 그는 자신이 뱉은 말과 벌이는 만행만큼이나 얼굴 또한 사악하게 보여서 그를 본 아이들은 겁부터 집어먹었다. 그런데 그가 사랑에 빠졌다! 아리땁고 마음씨 고운 제니 미어에게. 하지만 그녀는 조지 헬의 청혼을 단번에 거절한다. 얼굴이 성자 같은 남자에게 참사랑을 바치겠다면서.
　조지 헬은 제니 미어의 마음을 사로잡기 위해 특단의 조치를 한다. 밀랍 가면을 쓰기로. 가면 중에서도 가장 성스러운 모습을 한 성자의 가면을 쓰기로. 그렇게 조지는 제니의 환심을 샀고, 두 사람은 사랑에 빠져 가정을 꾸린다.

조지는 가면을 쓰는 데서 끝나지 않고, 제니의 사랑을 받고자 말씨를 바꾸고 마음씨도 고쳐먹는다. 자신이 회심한 삭개오라도 되는 양, 비열하게 축적해 온 재산을 가난한 이들에게 돌려주기로 한다. 지난 과거를 지우기 위해 서류를 정리하고, 지인들이 알아차리지 못하도록 이름도 바꾼다. 이제 사람들은 그를 '조지 헬'이 아니라 '조지 헤븐'이라 부를 것이다.

하지만 이토록 자신을 바꾸어 갔어도 사랑하는 이 앞에 설 때면 가면 뒤의 자신의 얼굴이 부끄러울 뿐이다. 사기꾼으로 산 세월은 물론 가면 뒤에 자신을 감추고 사는 부정직함이 언제나 부끄럽다.

성경에서 삭개오 이야기를 읽을 때면 궁금해지는 것이 있다. 바로 예수님을 만난 이후 삭개오의 삶이다. 그는 자신의 과거가 부끄러워질 때마다, 예수님께서 하신 말씀을 떠올리고 또 떠올리지 않았을까.

"너도 아브라함의 자손이다."

어쩌면 그의 고뇌는 '과거에 어떤 일을 저질렀는가?' 보다 '앞으로 어떻게 살아가야 하는가?'에서 더욱 깊어졌을 것이다. '나는 이 자리에서 어떻게 살아야 할까?' 새 마음을 먹었다고 해서 새 마음에 걸맞은 새로운 현장에서 살아가는 것이 아니기에 던지는 질문이다.

삭개오가 세리장직에서 떠나지 않는 한, 그는 세관의 관행을 끊임없이 마주해야 할 것이다. 세금을 과다하게 청구하고, 뇌물을 요구하고, 이중장부를 쓰고! 당대 세리라면 거리낌 없이 했을 일들이다. 게다가 밑으로는 이런 일을 답습해 온 여러 하급 세리들이 있었을 것이다. 계산 빠르고 자기 이익에 기민한 이들에게 삭개오의 회심은 당혹스럽기 짝이 없었다. 이들 앞에서 삭개오는 도덕적이고 윤리적인 소신을 지켜 나갈 수 있었을까? 한번 결심한 건 해낼 만큼 심지가 굳은 사람이었을까? 그렇지 않았을 것이다. 사도 바울은 이렇게 말했다.

"나는 속사람으로는 하나님의 법을 즐거워하나, 내 지체에는 다른 법이 있어서 내 마음의 법과 맞서서 싸우며, 내 지체에 있는 죄의 법에 나를 포로로 만드는 것을 봅니다"(롬 7:22-23).

삭개오 역시 예수님 앞에서 한 약속을 지키기 위해 발버둥 치며 "너는 아브라함의 자손이다"라는 말씀을 수없이 되뇌며 살았을 것이다.

《행복한 위선자》의 조지는 성자의 가면을 벗을 수 없었다. 가면에 익숙해지는 것 외에 달리 방법이 없었다. 그러니 가면의 표정과 분위기를 따라가기로 했다. 왜? 그녀를 사랑하기 때문이다. 그녀의 사랑을 잃고 싶지 않기 때문이다.

하지만 이보다 더 큰 이유는, 그가 제니 미어를 사랑하는 만큼, 아니 그보다 더 깊이 그녀가 조지를 사랑하기 때문이다. 그녀 역시 그를 잃고 싶지 않았다. 서로의 사랑이 있었기에 그는 끝까지 가면을 쓰고 살기로 했다. 매일매일 가면에 자신을 맞추어 가며 말과 표정, 마음을 지어내기로 한 것이다.

삭개오는 주님을 잃고 싶지 않았다. 주님은 우연히 그의 인생에 끼어든 분이 아니었다. 특별할 것 없는 세리의 일상에 갑자기 찾아와 그에게 인상 깊은 말, 좋은 말을 남기고 떠난 분이 아니었다. 우리 주님은 그의 곁에 늘 함께하시며 아브라함의 자손, 약속의 백성이라고 말해 주는 분이다. "내가 항상 너희와 함께 있을 것이다"라고 말씀하신 그분이 삭개오 곁에 계셨다. 삭개오를 잃지 않으려고.

삶의 회심이란, 인간의 다부진 결단으로 이루어지는

게 아니다. 내가 사랑하게 되었지만, 나를 잃지 않으려고 나를 사랑으로 주목하는 분이 늘 곁에 계시기에 가능하다. 내게서 시선을 떼지 않는 분, 나와 함께하시는 분이 있기에 가능하다. 그러니 나도 그분과 함께 있고 싶어진다. 선을 '가장'해서라도 그분 곁에서 살고 싶어진다.

《행복한 위선자》에서 가장 감동적인 장면은, 조지가 사랑하는 연인 제니 앞에서 자신의 얼굴을 드러낼 때다. 사실 그가 자발적으로 얼굴을 드러낸 게 아니다. 한때 조지와 염문을 뿌렸던 옛 여자친구 감보기가 달려들어 그의 추악한 민낯을 드러내기 위해 가면을 벗겨 버린 것이다.

> 조지는 꼼짝 않고 서 있었다. 라 감보기는 그의 얼굴을 올려다보았다. 새빨갛던 그녀의 얼굴이 순식간에 하얗게 질렸다. 그녀를 바라보고 있는 남자는 분명히 그녀가 가면을 벗긴 사람인데, 그의 얼굴은 가면과 똑같았기 때문이다. 선 하나하나, 이목구비 하나하나까지 똑같았다. 성자의 얼굴이었다.

삭개오도 얼굴이 바뀌었다. 시간이 한참 지난 뒤 사람들은 삭개오의 얼굴에서 거짓과 비행의 흔적, 사람을 겁박하던 악랄한 과거를 찾을 수 없었다. 오히려 그의 얼굴에서 아브라함의 자손의 얼굴을 보았다. 약속의 백성의 얼굴이란 이런 얼굴이지 싶었다.

그가 오랫동안 표정을 꾸미며 살았기 때문만이 아니다. 자신을 부르신 분을 따라 살다 보니 그렇게 되었다. 과거를 생각하면 부끄럽지만, 이 모든 것을 믿고 그분을 따르려 했기 때문이다. 아니, 부끄러워하는 자신에게 그분의 소리가 들려왔기 때문이다. 자신을 새로운 피조물, 아브라함의 자손으로 부르시는 그분의 소리가 거듭 들려왔기 때문이다.

우리도 그렇다.

그래서

나는 오늘도 부끄럽게 정직을 가장한다.

나는 오늘도 부끄럽게 사랑을 포장한다.

내 과거가, 내 본 모습이 나를 부끄럽게 하지만, 그래도 그분은 내가 정직하게 지내기를, 사랑을 표현하기를 바라시기 때문이다.

내가 부끄러움 속에서도 다시 용기를 내는 것, 부끄러워도 정직을 가장하고, 부끄러워도 사랑을 포장하는 까닭은 내가 그분을 사랑하기 때문이다. 아니, 그 전에 그분이 나를 사랑하셨기 때문이다. 내가 그분을 잃고 싶지 않기 때문이다. 아니, 그분이야말로 나를 잃고 싶어 하지 않기 때문이다. 그래서 지금도 나를 보고 계시기 때문이다.

바로 거기서, 나를 부끄럽게 했던 나의 위선이 나를 새로이 빚어 간다. 그분과 함께하는 행복한 '나'가 되게 한다.

강영롱(대구삼덕교회 담임목사)

행복한 위선자: 지친 사람들을 위한 동화

초판 1쇄 2025년 4월 15일

지은이 맥스 비어봄
그린이 조지 셰링엄
옮긴이 홍종락
펴낸이 이현주
책임편집 이지든 이현주
디자인 스튜디오 아홉

펴낸곳 사자와어린양
출판등록 2021년 5월 6일 제2024-000050호
주소 03445 서울시 은평구 은평터널로 159, 101호
전화 010-2313-9270 **이메일** sajayang2021@gmail.com

한국어판 ⓒ사자와어린양·홍종락, 2025

ISBN 979-11-93325-14-8 03230

＊사자와 어린 양이 뛰놀고 어린이가 함께 뒹구는 그 나라의 책들＊